Enseñanza poderosa:

guía para padres

Escrito por

Patrice M. Bain, Ed.S.

1ª edición: 2022

John Catt Educational Ltd,
15 Riduna Park, Station Road,
Melton, Woodbridge IP12 1QT UK

Tel: +44 (0) 1394 389850

4600 140th Avenue North, Suite 180,
Clearwater, FL 33762. Estados Unidos

Correo electrónico: enquiries@johncatt.com
Sitio virtual: www.johncatt.com

ISBN: 978 1 915261 01 4

En "Enseñanza poderosa: guía para padres", la experimentada docente (y madre) Patrice Bain nos brinda el eslabón perdido entre las investigaciones en ciencia cognitiva y las herramientas que necesitamos para aplicarlas en casa. Los padres que lean el libro podrán adentrarse en estrategias de estudio poderosas, rutinas efectivas para practicar en casa, y conocerán las experiencias personales de Patrice en el trabajo con padres. Si quieren mejorar el aprendizaje de sus hijos en casa y el éxito en la escuela, entonces tienen que leer esta guía para padres.

—Pooja K. Agarwal, Ph.D., Científica cognitiva y coautora, *Powerful Teaching: Unleash the Science of Learning*

¡El libro "Enseñanza poderosa: guía para padres" no puede ser más oportuno! Padres y cuidadores piden estrategias y herramientas para apoyar el aprendizaje de sus adorados hijos. Patrice Bain combina la experiencia de una docente experimentada con un corazón centrado en los chicos para crear una guía basada en investigaciones tendientes a descubrir la mejor manera en la que aprende el cerebro. A partir de su trabajo colaborativo con investigadores, Patrice brinda múltiples estrategias simples que pueden ser usadas a diario para apoyar el aprendizaje en casa.

—Margaret A. Lee, autora, *Mindsets for Parents*

El rol de los docentes y estudiantes en el proceso de aprendizaje ha sido bien documentado. En su esfuerzo por cerrar la brecha de aptitudes y mejorar los resultados de los estudiantes, los docentes participan de forma continua en sesiones de desarrollo profesional. Pero hay un grupo de personas del que siempre nos olvidamos. ¿Qué grupo? ¡LOS PADRES! En la era de los teléfonos inteligentes y del aprendizaje a distancia necesitamos incluir a los padres en el proceso de aprendizaje. En "Enseñanza poderosa: guía para padres", Patrice echa luz sobre el aprendizaje y brinda una hoja de ruta para que los padres traigan la ciencia del aprendizaje al hogar; desde el trayecto diario a la escuela, hasta las conversaciones durante la cena. En este fantástico libro, Patrice ha logrado combinar las estrategias de enseñanza que se utilizan en el salón de clases para que los padres que ayudan a sus hijos en casa las puedan aplicar. ¡Todos los padres NECESITAN este libro! ¡Sus hijos se lo merecen!

—Peter McBride, docente de 4to grado, Far Hills Country Day School

"Enseñanza poderosa: guía para padres" muestra a los padres las últimas investigaciones en torno al aprendizaje usando la práctica de recuperación. Este libro contiene estrategias para que los padres ayuden a reducir el nerviosismo y la frustración de los estudiantes para mejorar el aprendizaje y la retención. Los padres podrán a ayudar a sus hijos a ser estudiantes exitosos en la escuela a través del apoyo que reciben la casa.

—Mark Nechanicky, docente de 4to grado

Como padre y docente aprecio la manera en la que Patrice Bain ha logrado poner las investigaciones pertinentes al alcance de los padres. Aquí encentrarán estrategias clave que yo recomendaría a todos aquellos padres que quisieran ayudar a sus hijos a tener éxito en el largo plazo. El énfasis en el aprendizaje duradero es clave para obtener buenos resultados académicos a largo plazo—no solo para obtener calificaciones sobresalientes en la prueba del viernes, sino también para recordar información importante años después.

—Courtney Ostaff, docente remota y madre que educa a sus hijos en casa

Este libro es apasionante y llega en un momento muy oportuno. Para mí, su atractivo reside en la reducción del nerviosismo en los estudiantes y la idea de que el aprendizaje no se trata solamente de terminar el curso—se trata de aquello que aprendes y que hace a tu vida, las clases del año que viene, tus años en la universidad, el éxito en tu carrera y más.

—Laura Sager, TextbookHub, Inc.

¡Qué guía increíble! Amo la manera en la que esta guía crea un camino tan detallado para entender el cómo y el porqué del aprendizaje. Después de leer el libro, entiendo por qué mis hijos siempre dicen que "La Sra. Bain entiende los cerebros de los estudiantes. Ella sabe cómo hacer que los estudiantes aprendan sin darse cuenta. Ojalá más docentes enseñaran como ella". Esta guía viene como anillo al dedo para traer a casa estrategias que refuercen las mejores prácticas de aprendizaje. Como educadora con más de 20 años de experiencia, creo que este libro conecta la casa con la escuela y brinda a los padres distintas maneras de apoyar los logros académicos de sus hijos. Este libro ofrece estrategias que promueven el aprendizaje a lo largo de la vida. Me siento honrada de que me hayan convocado para ser una de las primeras lectoras y afortunada de contar con estas herramientas. Gracias por ser quien eres y por siempre retribuir a nuestra profesión.

—Dr. Nicole Sanderson, Superintendente Adjunta,
Wolf Branch School District, Swansea, IL

En "Enseñanza poderosa: guía para padres", Patrice promueve la colaboración entre padres y docentes al servicio de nuestros estudiantes, nuestros hijos. Su vasta experiencia docente se traduce en su escritura con explicaciones simples y recursos poderosos. ¡Si tienen hijos en la escuela secundaria o en la preparatoria, puede que aquí encuentren un par de trucos más para tener bajo la manga a la hora de apoyarlos en el aprendizaje!

—Dr. Kripa Sundar (www.kripasundar.com)

"Cuando la mente se ha ampliado gracias a una nueva idea nunca volverá a sus dimensiones originales". —Oliver Wendell Holmes.

Bain fusiona investigación con alegría para crear esta guía invaluable para padres y aprendices de todas las edades. Como aprendiz de por vida, educadora y madre, no solamente aplico estas herramientas basadas en la investigación con mis hijos, estudiantes y colegas aprendices-educadores, sino que también las aplico a diario para pulir mi propio aprendizaje personal y profesional. La combinación de humor y humildad de Bain echa luz sobre las páginas oscuras de las investigaciones y nos ayuda a aprender a aprender, para nuestro propio beneficio y el de nuestros hijos. Sus círculos de conocimiento, su innovación y su autoconocimiento brillarán más fuerte en cada página. Gracias a su estilo conversacional, la autora involucra al lector y lo atrapa con su experiencia para que siga leyendo a medida que le proporciona el lenguaje y las herramientas necesarios para ampliar sus propias habilidades de aprendizaje, cosa que le permitirá modelar para sus hijos todo aquello que quiera ver en el mundo.

Con este libro, Bain marca un camino con perspicacia, ciencia y deleite, y comparte esa magia con nosotros para que todos podamos sacar a relucir nuestra mejor versión como aprendices.

—Kimberly Wiggins
Coordinadora de Evaluación e Instrucción
M.A., M.Ed, y estudiante de doctorado en
Estadística y Métodos de Investigación.

Acerca de la Autora

Patrice M. Bain, Ed.S. es educadora, expositora y autora. Fue finalista en el certamen que premia al Docente del Año en Illinois (E.E.U.U.) y becaria en educación e investigación del programa Fulbright en Rusia. Ha aparecido en webinarios, *podcasts*, artículos y prensa nacional e internacional. Ha dedicado 15 de sus más de 25 años de carrera docente a trabajar con científicos cognitivos para convertir la investigación en estrategias de aprendizaje. Bain ha sido invitada por el Departamento de Educación de Estados Unidos para trabajar con científicos cognitivos y colaborar en la redacción del libro *"Organizing Instruction and Study to Improve Student Learning"*. Además, Patrice es también coautora de *"Powerful Teaching: Unleash the Science of Learning.*

Bain fue una de las docentes estadounidenses que integraron el grupo de investigación sobre Neuromitos vs. Neuroverdades, patrocinado por el Instituto de Ciencias de la Educación (IES, por su sigla en inglés) y la Comisión Nacional de Investigación Educativa (NCER, por su sigla en inglés). En la actualidad, Bain integra el Consejo Educativo del Banco de la Reserva Federal de St. Louis y la organización estadounidense comprometida con la mejora de la educación, *Deans for Impact*.

Pueden seguir a Patrice en Twitter @PatriceBain1 y visitar su sitio virtual: www.patricebain.com

Índice

Para Steven
Estaré eternamente agradecida por tu apoyo incondicional.

CAPÍTULO 1
Enseñanza poderosa: guía para padres

"¡Sra. Bain, obtuve una A (o una B) en su clase!" Ante la confirmación de que efectivamente es así, el estudiante suele responder, "Pero a mí nunca me fue bien en Ciencias Sociales; siempre obtengo D y F". A esto casi siempre le sigue una confesión habitual y desgarradora de parte del estudiante: *"No soy inteligente"*. Una vez más constato con dolor que mi estudiante de solo 11 años ya ha internalizado el fracaso. Y cada año veo a estos mismos estudiantes volar alto y terminar el curso con calificaciones altas. Sin importar qué tipo de calificaciones suelan obtener sus hijos, es probable que haya habido momentos en los que no se sintieron exitosos. Puede que haya habido momentos en los que *ustedes mismos* no se hayan sentido exitosos cuando eran estudiantes. ¿Cómo podemos convertir el fracaso en éxito? La respuesta no se encuentra en nuevos dispositivos electrónicos o en el último grito de la moda. Lo que sí necesitamos son principios de aprendizaje sólidos basados en la investigación. La investigación es *accesible*. La investigación tiene sentido y constituye la base de esta guía para padres.

A pesar de que nuestro sistema educativo ha cambiado en algunos aspectos, mayormente dependemos de y confiamos en los métodos con los que aprendimos nosotros. Ya sea que la educación se lleve a cabo en un edificio de ladrillos o de forma remota en línea, muchos de nosotros hemos visto una falta de conexión entre los métodos tradicionales y lo que funciona para nuestros hijos. Las preguntas persisten. Como padres, ¿han experimentado las frustraciones escolares de sus hijos? ¿Han compartido estas frustraciones al ver a sus hijos estudiar—y que *no* les vaya bien en un examen? ¿Se han sentido frustrados por no saber cómo ayudar a sus hijos?

A menudo, padres y educadores nos encontramos ante situaciones desconcertantes. Muchas veces les he hecho preguntas a mis estudiantes o hijos, a sabiendas de haber discutido las respuestas con ellos, solo para encontrarme con miradas completamente en blanco al pedirles que me respondan. Pasa en la escuela y pasa en casa. Hasta nos pasa a nosotros los adultos. Todos podemos identificarnos con esta pregunta universal:

"¿Dónde dejé las llaves del coche?" ¿Por qué la desconexión?

¿Cómo podemos ayudar a que nuestros hijos no solamente aprendan, sino que retengan información por años? Podemos mostrarles que las calificaciones bajas de años anteriores no indican fracaso, sino que aún no han encontrado la estrategia de aprendizaje adecuada. Sabemos que hay un gran acervo de evidencia, recogida en investigaciones de campo, que lleva a que TODOS los estudiantes tengan éxito. Mi primer objetivo es que esa evidencia sea accesible para docentes y padres. El objetivo final es mostrar a los estudiantes que pueden lograr el éxito si toman su propio aprendizaje en sus manos.

Tuve un encuentro fortuito que cambió mi vida para siempre. Sucedió cuando conocí a dos científicos cognitivos, el Dr. Mark McDaniel y el Dr. Henry Roediger III de la Universidad de Washington en St. Louis, Missouri, que estaban investigando cómo aprenden las personas. Hasta el año 2006, la mayoría de los estudios en torno a cómo aprenden las personas se realizaban en laboratorios universitarios. McDaniel y Roediger querían investigar cómo aprenden los estudiantes en un salón de clases auténtico. Obtuvieron una importante beca federal y ¡el salón de clases auténtico en el que comenzaron su investigación fue el mío! De hecho, mi salón de clases fue uno de los primeros en E.E.U.U. en convertirse en laboratorio para un estudio riguroso con el fin de averiguar cuál es la mejor manera en la que aprenden los estudiantes en el aula. Pooja Agarwal de la Universidad de Washington se convirtió en mi colega y así comenzó nuestro estudio acerca de las prácticas óptimas de aprendizaje. Lo mejor de todo fue que empecé darme cuenta de *por qué* aprendían mis estudiantes. Me sentí sorprendida y satisfecha al ver que mis métodos eran paralelos a principios que tenían nombres, tales como recuperación, distribución, intercalado y metacognición. Poco sabía entonces que trabajar con estos investigadores iba a llevar a mis aptitudes pedagógicas más lejos de lo que jamás había soñado.

El hecho de incluir los resultados de investigación en mi práctica docente tuvo un impacto drástico en la retención del material por parte de mis estudiantes. Enseñar a mis estudiantes *cómo* aprender les cambió la vida tanto a ellos como a mí. A medida que dominaban los métodos, empezaron a volar. Estudiantes que se habían sentido abatidos hasta entonces se abrieron a nuevas estrategias y tuvieron éxito.

Mis estudiantes y yo nos dimos cuenta de que no todas mis técnicas funcionaban para todos. Si una de ellas no funcionaba muy bien probábamos otra. (¡Mis cavilaciones han dado lugar a muchas estrategias!) Los estudiantes iban encontrando aquello que funcionaba para ellos. Se volvieron responsables. Se entusiasmaron. Y sus calificaciones así lo reflejaron.

A través de la aplicación de la investigación educativa había llevado a mis estudiantes al éxito; quería gritar desde lo más alto que *existen pruebas*, que surgen de décadas de investigación y miles de estudios, sobre cómo aprenden las personas y cómo debemos enseñar. Esta tendencia a utilizar la ciencia del aprendizaje ha empezado a estar en boga. En 2007 fui invitada por el Instituto de Ciencias de la Educación del Departamento de Educación de E.E.U.U. a coescribir el libro *Organizing Instruction and Study to Improve Student Learning*. Era la única educadora K–12 del equipo y mi aporte consistía trabajar junto a seis científicos cognitivos para identificar las investigaciones más vigentes que pudieran ayudar a los docentes. A los pocos años, la periodista Annie Murphy Paul pasó un día entero observando a mis estudiantes y mis métodos de enseñanza para un artículo a ser publicado en la revista *Scientific American*. Y unos años más tarde, el equipo de filmación de un documental para el show de PBS llamado NOVA también visitó mi salón de clases por un día, para filmar un episodio titulado "La Escuela del Futuro". Hace poco participé en un panel organizado por el Instituto de Ciencias de la Educación y el Centro Nacional de Investigación Educativa. Se nos encomendó responder a esta pregunta: ¿Cómo derribamos los mitos acerca del aprendizaje y ponemos la *ciencia* del aprendizaje en manos de los educadores?

Uno de mis objetivos al escribir esta guía era presentar a los padres tres principios educativos: *recuperación, distribución y metacognición* basada en la retroalimentación. Estos principios han sido investigados y potencian el aprendizaje. Espero que esta guía les permita aprender cómo ayudar a sus hijos a tener éxito.

En los últimos años he comenzado a ver más investigaciones, más *blogs* y más interacción entre investigadores y docentes. En 2019, la Dra. Pooja Agarwal y yo escribimos el libro *Powerful Teaching: Unleash the Science of Learning*. En él llamamos a estos principios educativos basados en la investigación (recuperación, distribución, intercalado y metacognición basada en la retroalimentación) "Herramientas de poder", dado que se ha demostrado que son grandes potenciadores del aprendizaje. Nuestro libro ha sido bien recibido por educadores de todo el mundo y he hablado del mismo en muchos *podcasts*, webinarios y presentaciones. Muchos docentes me han planteado lo siguiente: "Compartimos muy poco tiempo con los padres ¿cómo podemos convertirlos en nuestros aliados para lograr una enseñanza poderosa?"

Esta guía ha sido escrita para ustedes, para mostrarles el cómo y el porqué del aprendizaje. En ella les muestro cómo usar estrategias para que el aprendizaje perdure. Puede que los docentes de sus hijos estén versados o no en la ciencia del aprendizaje, y puede que utilicen o no los principios y estrategias de la enseñanza poderosa. Recuerden que ustedes, los padres, son los únicos factores constantes. Son ustedes los que siguen de cerca la educación de sus hijos año a año. Las estrategias que leerán en este libro pueden aplicarse en casa con el fin de *mejorar* el aprendizaje. Tal vez sus hijos no tengan dificultades en la escuela. Esta guía también es para ustedes.

Pueden ayudar a sus hijos a entender los cómo y porqué del aprendizaje, algo que les será útil en otros contextos educativos más adelante. Tal vez sus hijos sí tengan dificultades en la escuela. Ustedes pueden ayudar a sus hijos a entender cómo aprender y a internalizar el éxito.

> *"Haz lo mejor que puedas hasta que sepas más. Cuando sepas más, hazlo mejor".*

—Maya Angelou

Ahora sabemos más. Somos capaces de tomar la enseñanza poderosa y los principios científicos del aprendizaje que se aplican en el salón de clases y traerlos a casa. Sabemos que hay investigaciones sólidas que les permiten a nuestros hijos adueñarse y ser responsables de su aprendizaje. Sabemos que hay evidencia que nos muestra cómo mover a nuestros jóvenes del "Nos soy inteligente" al "No lo he aprendido *aún*". Ustedes pueden empezar a usar esta evidencia para transformar el aprendizaje de sus hijos como un puente entre la escuela y la casa.

Ustedes pueden hacerlo.

CAPÍTULO 2
¿Cómo aprendemos?

La docencia ha sido una de mis grandes aventuras. Cada año empezaba con un borrón y cuenta nueva y cada día empezaba con el plan de los contenidos a desarrollar. Tenía muchos años de experiencia como docente y conocía bien mi plan de estudios. Podía complementar los contenidos de mi asignatura con conocimiento contextual e historias interesantes. Sin embargo, a pesar de que sabía de antemano lo que iba a enseñar cada día, mis estudiantes siempre me tenían al trote. Me sentía muy afortunada de que todos los días estuvieran llenos de las sonrisas de mis estudiantes, el brillo en sus ojos con asombro que se convertía en "lo entiendo", tragedias ocasionales y preguntas que nunca me había hecho . . . Yo estaba loca por "mis" chicos. ¿Resulta sorprendente, entonces, que tuviera ganas de conocer y trabajar con los padres que los habían criado? Para mí, los padres eran la tercera pata del triángulo del aprendizaje: docente, estudiantes, padres.

Cada vez que tenía la oportunidad, compartía mi pasión por maximizar el aprendizaje de la mano de los padres. A los padres les gustaba saber acerca de las investigaciones en mi salón de clases y de las estrategias de enseñanza incorporadas en ellas. Los padres *quieren* saber cómo aprenden sus hijos y cuál es la mejor manera de ayudarlos. Debido a que esta información parecía ser nueva para cada nuevo grupo de padres año tras año, yo empecé a preguntarme *¿dónde y cómo pueden acceder los padres a información sobre el aprendizaje?* Yo presentaba esa información en reuniones y seminarios con padres . . . y sé que mis estudiantes a menudo compartían mis estrategias de aprendizaje con sus padres. La idea de escribir este libro comenzó a gestarse y a dar vueltas en mi mente durante mi desempeño como docente.

En 2018, realicé una encuesta nacional como punto de partida. ¿Qué quería saber yo? ¿Qué querrán saber los padres? ¿Qué querrán saber *ustedes*? A medida que lean las preguntas que propuse en esta encuesta, piensen en sus posibles respuestas.

La encuesta fue dirigida a padres que tenían hijos desde el jardín de infantes hasta la preparatoria. Estas son las preguntas que hice:

- ¿Qué les ayudaría con el aprendizaje de sus hijos?
- ¿Han tomado algún curso acerca de cómo aprenden las personas?

- ¿Las escuelas de sus hijos, sus docentes o las asociaciones de padres y docentes les han ofrecido presentaciones sobre cómo aprenden las personas?
- ¿Cuán probable es que pregunten acerca de las oportunidades de desarrollo profesional disponibles para los docentes en sus escuelas?
- ¿Cuán importante es para ustedes que los docentes de sus hijos apliquen estrategias de aprendizaje basadas en la investigación?
- Existen años de investigaciones que demuestran los mejores métodos y prácticas para el aprendizaje de los estudiantes. Si esta información estuviese disponible para los padres, ¿cuán probable sería que la leyeran?
- ¿Cuál es la mejor manera en la que un docente puede empoderarlos como padres?
- ¿Cuántas veces han preguntado a los docentes de sus hijos si sus métodos de enseñanza están basados en la investigación?

Pausa . . .

¿Se han planteado alguna vez alguna de estas preguntas? ¿Qué dos serían las que más quisieran hacer?

Algunos resultados[1]:

Pregunta	Respuestas de los padres
¿Cuáles son las dos cosas primordiales que les ayudarían con el aprendizaje de sus hijos?	1. Entender las bases del aprendizaje. 2. Entender cómo ayudar a mis hijos a estudiar.
¿Las escuelas de sus hijos, sus docentes o las asociaciones de padres y docentes les han ofrecido programas o presentaciones acerca del aprendizaje?	53% No

---

[1] Agarwal, Pooja K. & Patrice M. Bain. *Powerful Teaching: Unleash the Science of Learning.* San Francisco: Jossey-Bass, 2019.

¿Cuán probable es que lean acerca de las prácticas más investigadas?	80% Probable o muy probable
¿Cuán importante es para ustedes que los docentes de sus hijos apliquen estrategias de aprendizaje basadas en la investigación?	87% Importante o muy importante
¿Alguna vez les han preguntado a los docentes o administradores que tipo de desarrollo profesional ofrecen sus escuelas?	67% No
¿Cuán seguido les han preguntado a los docentes de sus hijos si sus métodos de enseñanza están basados en la investigación?	60% Nunca

¿Sus respuestas son similares a los resultados de la encuesta? Comencemos entonces a aprender sobre del aprendizaje.

Cuando estudiaba para convertirme en docente tuve profesores espectaculares. Una profesora en particular nos dio una analogía que llevo conmigo desde entonces. Comparó nuestros cerebros con el perchero de una tintorería. Cuando vamos a buscar la ropa a la tintorería le entregamos un número al empleado. El empleado pone a girar el perchero hasta que aparece al centro y adelante el gancho con nuestro número y nuestra ropa se posiciona *en ese preciso lugar*. Ella nos dijo que el aprendizaje era similar a ese perchero. Como docentes, tenemos que poner esos "ganchos" en la mente de nuestros estudiantes. A medida que enseñamos queremos vincular el nuevo aprendizaje con lo que ya está ahí, fortalecer esos ganchos. Yo seguí ese consejo. Me propuse crear esos ganchos desde mi primer año docente. A veces vinculaba el aprendizaje nuevo con algo familiar, ya fuera una historia, una foto o una canción. A lo largo del año, hacía preguntas específicas para volver a traer esos ítems ya enganchados mientras añadía información nueva. Enseñé por más de diez años antes de empezar a trabajar con científicos cognitivos e incorporar la ciencia del aprendizaje a mis métodos de enseñanza. Entendí entonces *por qué* el perchero y los ganchos de la tintorería eran una estrategia que potenciaba el aprendizaje en mi salón de clases.

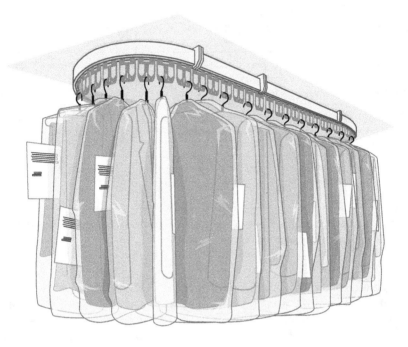

¿Cómo aprendemos?

Podemos simplificar el aprendizaje en tres pasos:

Paso 1: Codificación

Retrotráiganse a las innumerables veces en las que han enseñado a sus hijos. Decidieron qué era importante y eligieron los métodos para transmitirles esa información. Puede que les hayan enseñado a través de historias, libros, museos, a través del ejemplo, por medio del contacto con la naturaleza, por medio del deporte, de viajes, de la televisión, de videos, tiempo en familia . . . la lista es interminable. Lo que hicieron fue *codificar* información. La codificación es la manera en la que recibimos la información.

La codificación es también el proceso que utilizan los docentes para transmitir la información a los estudiantes. Puede que los docentes usen libros, dibujos, historias, gráficas, videos . . . una gran variedad de fuentes. Piensen en la codificación como la manera de *introducir* información en nuestra mente. Es el primer paso del aprendizaje.

Paso 2: Almacenamiento

 El almacenamiento es el paso que sigue luego de que la información ha sido codificada o presentada. La información está en nuestra mente. Sin embargo, muy a menudo, es aquí donde terminan los pasos. Si la información está en nuestra mente, ¿significa que el aprendizaje ya ocurrió? No necesariamente.

De hecho, ¿les han enseñado alguna vez algo a sus hijos solo para que luego les devuelvan una "mirada atónita", como si nunca hubieran escuchado hablar de eso? *Sabemos* que la información está ahí; estábamos presentes en el momento en que la información se introdujo en la mente de nuestros hijos. ¿Por qué no lo recuerdan? (¡Los docentes también recibimos esas miradas atónitas!)

La científica cognitiva Dra. Pooja Agarwal fue mi colaboradora más cercana en la investigación que se llevó a cabo en mi salón de clases. Ella ha puesto el problema del almacenamiento de la información en pocas palabras. Nos focalizamos en meter la información en la mente de los estudiantes. Enseñamos, repasamos, repasamos una vez más. ¿Y después qué? Necesitamos una manera de ayudar a que los estudiantes almacenen la información por un período prolongado. Queremos que la información se quede ahí hasta que los estudiantes la necesiten; no solamente hasta la próxima prueba, o la evaluación final del semestre, sino verdaderamente a largo plazo.

Los estudiantes solamente habrán aprendido un tema si pueden acceder la información cuando la necesiten. ¿Qué pasaría si los ayudáramos a extraer la información de la mente para aplicarla en el momento necesario? Resulta que este tipo de práctica fortalece el almacenamiento.

Esto nos lleva al próximo paso.

Paso 3: Recuperación

 La recuperación es el proceso que consiste en *extraer la información*. Cuando un estudiante recupera información, sabemos que esta ha sido codificada y almacenada en la memoria. Lo novedoso es lo siguiente: las investigaciones demuestran que cuando los docentes hacen énfasis en que los estudiantes recuperen el material estudiado repetidamente, mejora tanto el aprendizaje a corto plazo *como* el aprendizaje a largo plazo[2]. (En el capítulo 6 profundizaré acerca de este aspecto).

---

[2] Pashler, Harold, Patrice M. Bain, Brian A. Bottge, Arthur Graesser, Kenneth Koedinger, Mark McDaniel & Janet Metcalfe. *Organizing Instruction and Study to Improve Student Learning*. Washington, DC: National Center for Educational Research, Institute of Education Sciences, U.S. Department of Education, 2007.

Los tres pasos del aprendizaje

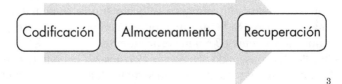

3

El primer día de clases de cada año académico les decía a mis estudiantes "*Les voy a enseñar a aprender*". Se trataba de una declaración simple y a la vez profunda que quedaba demostrada a diario en mi salón de clases. Les explicaba de qué manera mis métodos los ayudaban a aprender mejor. Una de las cosas más importantes que quiero transmitir en esta guía es la siguiente: saber cómo funciona el aprendizaje nos convierte en mejores aliados en nuestro propio proceso educativo. Entender cómo aprender nos permite aprender aún más.

Al comienzo de cada año empezaba de forma paulatina, introduciendo algunas de mis estrategias y dándoles tiempo a mis estudiantes para que experimentaran cómo funcionaba cada una antes de introducir la siguiente. Los estudiantes encontraban el éxito y, lo más importante, descubrían por qué estos métodos funcionaban.

Al ayudar a sus hijos en casa, también les recomiendo empezar de a poco. Enséñenles cómo aprender. Sería fantástico si pudieran empezar a una edad temprana. Sin embargo, este proceso puede empezarse a cualquier edad[4]. De hecho, las investigaciones nos han mostrado una y otra vez que los principios que planteo en este libro pueden aplicarse con personas de todas las edades y para aprender cualquier clase de contenido. Los estudios revelan que estas estrategias favorecen el aprendizaje de estudiantes con debilidades cognitivas[5], bajo nivel

---

[3] Agarwal, Pooja K. & Patrice M. Bain. *Powerful Teaching: Unleash the Science of Learning*. San Francisco: Jossey-Bass, 2019.

[4] Fazio, Lisa K. & Pooja K. Agarwal. "How to Implement Retrieval-Based Learning in Preschool and Elementary School". Vanderbilt University, 2019. Disponible en www.retrievalpractice.org.

[5] Powell, Sarah R., Lynn S. Fuchs, Douglas Fuchs, Paul T. Cirino & Jack M. Fletcher. "Effects of Fact Retrieval Tutoring on Third-Grade Students with Math Difficulties With and Without Reading Difficulties". *Learning Disabilities Research & Practice* 24 (2009): 1–11.

cognitivo[6] y aquellos con trastorno por déficit de atención e hiperactividad (TDAH)[7].

Estas son algunas de las ideas que les enseñé a mis estudiantes y creo que ustedes también las encontrarán útiles:

- Existen investigaciones que nos muestran cómo aprenden las personas.
- Si usamos estas investigaciones y estrategias el aprendizaje mejora y es posible retener el conocimiento por más tiempo.
- Cuando se usan estrategias respaldadas por la investigación:
  - Los estudiantes pueden estudiar de forma más eficiente y eficaz y muchas veces requieren un menor tiempo de estudio.
  - Los estudiantes están mejor preparados para las pruebas y esto disminuye la ansiedad.

Según datos del Centro Nacional de Estadística Educativa[8], en el año académico 2019–2020 hubo aproximadamente 56,6 millones de estudiantes inscritos en las escuelas públicas y privadas.

- 50,8 millones de estudiantes en escuelas públicas
- 5,8 millones de estudiantes en escuelas privadas
- No hay información disponible respecto al número de estudiantes educados en casa.

Hubo 3,7 millones de docentes.

- 3,3 millones de docentes en escuelas públicas
- 0,4 millones de docentes en escuelas privadas

---

[6] Agarwal, Pooja K., Jason R. Finley, Nathan S. Rose & Henry L. Roediger III. "Benefits from Retrieval Practice Are Greater for Students with Lower Working Memory Capacity". *Memory* 25 (2017): 764–771.

[7] Knouse, Laura E., Katherine A. Rawson, Kalif E. Vaughn & John Dunlosky. "Does Testing Improve Learning for College Students with ADHD?" *Clinical Psychological Science* 4 (2016): 136–143.

[8] Centro Nacional de Investigación Educativa. "Back to School by the Numbers: 2019–20 School Year". *NCES Blog*, Agosto 13, 2019. https://nces.ed.gov/blogs/nces/post/back-to-school-by-the-numbers-2019-20-school-year.

Estas estadísticas muestran que aproximadamente 53 millones de estudiantes viven en hogares en donde los padres no son docentes. ¿Por qué es necesario mencionarlo? Porque seamos docentes o no, todos hemos sido educados y el haber pasado por el sistema educativo nos hace sentir que tenemos el conocimiento básico acerca de "cómo aprender". Sin embargo, ¿cuántos padres tienen acceso a los datos de las investigaciones sobre los métodos que crean aprendizajes óptimos?

El año académico 2019–2020 fue sin igual, ya que el aprendizaje remoto se volvió obligatorio en todo el mundo. Las redes sociales se vieron desbordadas con historias de padres e hijos frustrados. Tal vez ustedes experimentaron el aprendizaje remoto de primera mano. Ya sea que sus hijos asistan a una escuela de paredes de ladrillos o aprendan remotamente desde casa, este libro los guiará a crear aprendizajes óptimos. Este camino se empieza entendiendo los tres pasos del aprendizaje: codificación, almacenamiento y recuperación.

Una anécdota de la Sra. Bain

Mis recuerdos preciados de la docencia incluyen las miradas y las notitas que recibí de estudiantes y padres.

Siempre me motivó mirar a los ojos de mis estudiantes cuando comenzaban a entender los aprendizajes nuevos con claridad. Llevo aún el entrañable recuerdo de una vez que un estudiante me hizo sonreír de alegría al exclamar, "¡Sra. Bain! ¡Mi 'gancho' se acaba de poner mucho más fuerte! ¡Lo *entendí*!"

PUNTOS CLAVE

☐ Una encuesta nacional demostró que los padres quieren saber cuál es la mejor manera de ayudar a sus hijos con el aprendizaje.

☐ El aprendizaje va más allá de simplemente tener información *en* nuestra mente.

☐ El aprendizaje ocurre cuando podemos *extraer* la información.

☐ Los tres pasos del aprendizaje son *codificación, almacenamiento y recuperación*.

CAPÍTULO 3
La práctica de recuperación

La práctica de recuperación

Retrotráiganse a su infancia. Ahora tómense un momento para pensar las respuestas a estas preguntas:

* ¿Cuál es uno de sus recuerdos favoritos del verano?
* ¿Qué leyenda familiar recuerdan aún hoy?
* Como padres, ¿qué recuerdo de un momento vivido con sus hijos aún los hace sonreír?

Lo que acaban de hacer ha sido *recuperar*. Han traído recuerdos al presente. De hecho, en esto consiste la práctica de recuperación, se trata de *traer a la mente lo que sabemos*. ¡La mayoría de las veces lo disfrutamos! Nos gusta revivir recuerdos de vacaciones, tradiciones familiares, tiempo con amigos . . . la lista es interminable.

Imagínense sentados en la mesa escuchando a sus hijos contar historias de disfrute. Puede que vean ojos animados, sonrisas y que escuchen unas historias largas. Ahora, imagínense a ustedes mismos en la misma mesa ayudando a sus hijos a estudiar para la próxima prueba. En ambos casos lo que sucede es recuperación. ¿Por qué es que estas dos situaciones muchas veces se ven y se sienten tan diferentes?

La práctica de recuperación, una de las Herramientas de poder discutidas en *Powerful Teaching*, es un principio de aprendizaje poderoso y cuya validez ha sido demostrada por la investigación. Al igual que todos los docentes del mundo, yo quería que mis estudiantes fueran capaces de recuperar la información que habían aprendido en mi clase. Lo que les había enseñado era importante y quería que lo retuvieran, recordaran y fueran capaces de aplicar esta información. (¡Y lo hicieron! Una de las preguntas más frecuentes que me hacían mis ex alumnos era: "¿Por qué me acuerdo tanto de *tu* clase?")

Con gran frecuencia los padres y docentes percibían estrés y nerviosismo en los estudiantes que están estudiando y dando pruebas. La explicación es que a veces los estudiantes no han tenido la oportunidad de recuperar la información antes de un examen. De hecho, la clave para la recuperación es que debe suceder *mientras los estudiantes están aprendiendo*. La práctica de recuperación es una estrategia de aprendizaje que debe ser usada durante todo el ciclo de estudios.

En una investigación[9] se les preguntó a 1.500 estudiantes si la práctica de recuperación como estrategia los había puesto:

- más nerviosos para las pruebas.
- menos nerviosos para las pruebas.
- igual de nerviosos para las pruebas.

Los resultados[10] mostraron que:

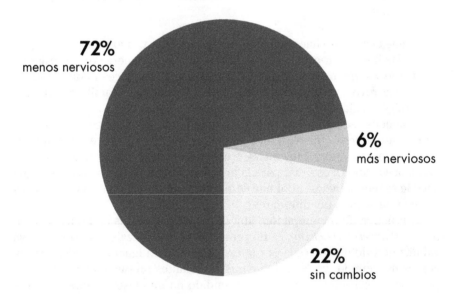

72%
menos nerviosos

6%
más nerviosos

22%
sin cambios

[9] Agarwal, Pooja K., Laura D'Antonio, Henry L. Roediger III, Kathleen B. McDermott & Mark A. McDaniel. "Classroom-Based Programs of Retrieval Practice Reduce Middle School and High School Students' Test Anxiety". *Journal of Applied Research in Memory and Cognition* 3 (2014): 131–139.

[10] Agarwal, Pooja K. & Patrice M. Bain. *Powerful Teaching: Unleash the Science of Learning.* San Francisco: Jossey-Bass, 2019.

¡La razón por la cual los estudiantes se habían puesto menos nerviosos para las pruebas es *que estaban preparados*! Si los estudiantes tienen muchas oportunidades de recuperar información a medida que aprenden, la recuerdan mejor.

¿Se acuerdan de los ejemplos que planteamos al principio del capítulo? ¿Están evocando sus recuerdos? A pesar de que se trata de experiencias de hace mucho tiempo, ustedes aún las recuerdan y muy probablemente nunca hayan tenido que rendir examen ni hayan recibido una calificación por ellas. Si volvemos al ejemplo en el que sus hijos les narran un cuento de disfrute, lo más probable es sus hijos no hayan recibido una calificación por estos recuerdos. La recuperación está hecha *para el aprendizaje*. Existen investigaciones sólidas que demuestran que a medida que recuperamos información nuestros recuerdos se fortalecen. En pocas palabras, la práctica de recuperación consiste en que los estudiantes *extraigan* el material que ha sido codificado y almacenado.

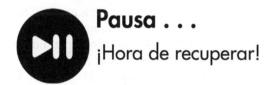

Pausa . . .
¡Hora de recuperar!

Retrotráiganse a los tres pasos del aprendizaje. ¿Cuáles eran?

(¿Contestaron? El hecho de hacerles esta pregunta es una estrategia llamada "Explosión de pasado" y ¡estimula la recuperación!)

Este es el tercer paso que hace al aprendizaje poderoso.

Al final del primer año de la investigación de la Universidad de Washington en mi salón de clases viví un momento que me cambió como docente. La investigación de ese año se había centrado en los efectos de la recuperación. Pooja Agarwal y yo decidimos darle un final "pop", ya que no habíamos anunciado lo que íbamos a hacer. No lo registré en mi libreta de calificaciones porque simplemente quería ver el impacto que la recuperación había tenido en el aprendizaje de los estudiantes a lo largo del año académico. Lo que me sorprendió de los resultados de ese final pop fue que el estudiante que había alcanzado las mejores calificaciones en la clase estaba lejos de ser el que más conocimiento había retenido. Tuve que preguntarme ¿Cómo era posible que un estudiante que había obtenido calificaciones altas en pruebas y tareas domiciliarias se encontraba apenas en el percentil 50 en lo que refería a recordar el conocimiento aprendido durante todo el año?

¿Han experimentado algo similar como padres? Ustedes saben que sus hijos han aprendido información. Puede que hasta los hayan ayudado a estudiar el material. Sin embargo, cuando le preguntan al respecto un tiempo más tarde puede que sus hijos no sean capaces de hablar del tema ni de recordar la información. ¿Por qué sucede esto?

Me tomó mucho tiempo de reflexión comprender que mis estudiantes eran expertos en "hacer las tareas domiciliarias". Eran capaces de leer una pregunta, buscar una respuesta, escribirla y repetirla. El momento de lucidez llegó cuando me di cuenta de que cuando realizaban tareas domiciliarias estudiaban las guías y las tarjetas y simplemente copiaban las respuestas en lugar de *recuperar* la información. Los estudiantes podían obtener buenos resultados por escrito, pero no eran capaces de hablar acerca del contenido. A pesar de que podía poner un resultado de 100% en la libreta de calificaciones, el aprendizaje era insignificante. ¿Cómo era posible que los estudiantes pudieran obtener calificaciones de 100% en las tareas domiciliarias y no fueran capaces de discutir el contenido en clase uno o dos días después? ¿O incluso el mismo día? ¿Cómo podía hacer que mis estudiantes fueran más responsables por su aprendizaje? Y, por último, ¿por qué dedicaba tanto tiempo a corregir y devolver las tareas domiciliarias al día siguiente si el sistema no parecía funcionar? Nada de esto mejoraba el aprendizaje.

Si bien había aplicado la recuperación en clase aquel primer año de investigación mis reflexiones me hicieron ver que las tareas domiciliarias que yo proponía *no* estaban alineadas con la recuperación. En otras palabras, había fomentado el formato "lee, busca, copia". Hacer la tarea domiciliaria no era una forma de *aprendizaje* efectiva. Los estudiantes habían estado copiando información, no recuperándola. De hecho, copiar en lugar de recuperar los había llevado a esa mirada atónita, a la incapacidad de incorporar ideas que los condujeran al pensamiento de orden superior y a cuestionamientos profundos. Necesitaba enseñarles no solo a incorporar información, sino, más importante aún, a *extraerla*. Cuando son capaces de hacer eso, ha habido aprendizaje.

El siguiente año académico trajo grandes desafíos a mi práctica docente. Encontré que lo que funcionaba mejor para mis estudiantes era abandonar las tareas domiciliarias y sustituirlas por más estrategias de recuperación.

Este es un ejemplo que me gusta mostrar a docentes y padres a la hora de hablar de la práctica de recuperación. El hecho de que *veamos* algo no significa que lo sepamos. Juguemos a las adivinanzas. ¿Cuántas monedas de un centavo creen que han visto en su vida?

Imaginen que este círculo es una moneda
de un centavo. ¿Pueden hacer un dibujito?

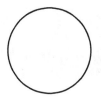

• ¿Quién está en la moneda?
• ¿Para qué lado mira?
• ¿Qué está escrito en la moneda?
• ¿Dónde está la fecha?

Creo que esta es una muy buena analogía para entender la diferencia entre *ver* y *recuperar*. El hecho de que hayan visto algo incontables veces, ¿significa que lo saben? (¿Tienen una moneda de un centavo cerca? ¡Comparen su dibujito con la moneda real!)

¿Sus hijos son expertos en hacer tareas domiciliarias? Al hacerlas, ¿leen la pregunta, buscan la respuesta, la escriben y la repiten? ¿O la recuperan? Si sus hijos estudian para una prueba a través de la lectura de notas, ¿sabrán las respuestas cuando hagan la prueba?

En el marco de una de sus investigaciones, Roediger y Karpicke realizaron un estudio comparativo en el que se comparaba la relectura con la recuperación[11]. Una semana más tarde se evaluó a los estudiantes y se constató que aquellos que habían releído el material habían olvidado más de la mitad. Una vez más, la recuperación resultó ser la estrategia más efectiva.

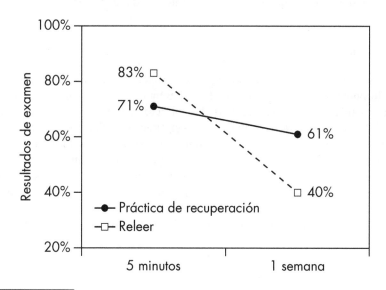

[11] Roediger, Henry L., III & Jeffrey D. Karpicke. "Test-Enhanced Learning: Taking Memory Tests Improve Long-Term Retention". *Psychological Science* 17 (2006): 249–255.

Pausa . . .
Cuando estudian, ¿sus hijos repasan? ¿O *recuperan*?

La investigación llevada a cabo en mi salón de clases me permitió aprender y poner en práctica elementos claves para la recuperación:

- Cuánto más, mejor.
- *Si* se adjudican calificaciones, éstas deben tener un impacto mínimo.

Ejemplos:

- Muchas veces daba una definición y retaba a mis estudiantes a que me respondieran con el término (trabajo coral).
- Empezaba las clases preguntando "¿Qué aprendimos ayer?"
- Drenaje cerebral: Les daba tres minutos para escribir todo lo que recordaran de lo que acabábamos de hablar.
- Muchas veces les daba mini pruebas de bajo riesgo (cinco ítems escogidos al azar de lo que se había aprendido el día anterior).

Mini pruebas

¿Qué son las mini pruebas? En lugar de darles tarea domiciliaria, tomaba lo que hubiera puesto como tarea y lo utilizaba como herramienta para recuperar lo aprendido al día siguiente. Escribía en trocitos de papel el material que habíamos discutido en clase. Al día siguiente les daba a mis estudiantes estos trozos de papel (2" × 3" en papel reciclado) y elegía cinco de las preguntas al azar. Esta técnica sencilla hacía que mis estudiantes *recuperaran* la información en lugar de copiarla. El cambio fue doble. Por una parte, yo tuve que cambiar mi manera de enseñar; necesitaba ver exactamente qué era lo que yo quería que mis estudiantes retuvieran. Por otra parte, mis estudiantes empezaron a escuchar de otro modo y lograron una mayor "sintonía".

A menudo, los estudiantes me escribían notitas o creaban dibujitos que los ayudaran a recuperar la información.

¿Cómo se puede hacer esto en casa?

Échenles un vistazo a las tareas domiciliarias de sus hijos. Escojan al azar tres o cinco preguntas y simplemente háganselas a sus hijos. Ya tendrán las respuestas para ver si aciertan o no. Acaban de ayudar a sus hijos a recuperar lo aprendido. Si sus hijos son mayores y prefieren estudiar de forma independiente, asegúrense de que tengan una canasta o un frasco cerca. Ustedes o ellos pueden escribir preguntas a partir de las tareas domiciliarias o a partir de lo que se haya hablado en clase. Pónganlas en el frasco y escojan algunas para que respondan al azar. La clave es *recuperar* la respuesta, no simplemente releer la pregunta.

La recuperación funciona. De hecho, la investigación llevada a cabo en mi salón de clases reveló de forma sistemática que el rendimiento académico de los estudiantes era considerablemente mayor cuando se trataba de materiales que se habían recuperado, en comparación con aquellos que no habían sido recuperados. Un ejemplo específico en una prueba sobre un capítulo demostró la diferencia entre material recuperado y no recuperado: 94% frente a 81%[12]. Este no fue un caso aislado; el uso de la recuperación mostraba mejoras sustantivas en cada una de las pruebas.

Sabemos que el uso de la práctica de recuperación supera por lejos a la simple relectura de la información o la relectura de notas de estudio. ¿Qué otras estrategias pueden llevarnos del formato *lee, copia, responde, repite* a la recuperación? Estas son otras de las estrategias que han sido probadas en mi salón de clases. ¡Toman poco tiempo y sus hijos serán recompensados con una mayor retención del material estudiado!

Tarjetas

¿Sus hijos han preparado tarjetas de estudio? ¿Las usan para estudiar? Sé con certeza que cuando era estudiante usé tarjetas; puede que ustedes también lo hayan hecho. Muy a menudo, el método consistía en escribir un término en una tarjeta, buscar la definición en el índice del libro, copiarla en el reverso de la tarjeta y pasar a la próxima. Estudiar consistía en leer lo que estaba escrito al frente de la tarjeta, darle vuelta, leer lo que estaba en el reverso mientras pensábamos "¡Ya entendí!" antes de pasar rápidamente a la siguiente tarjeta. Con unos pequeños cambios, las tarjetas serían una muy buena actividad de recuperación. A continuación encontrarán algunas indicaciones sobre cómo usarlas:

- Asegúrense de recuperar: luego de leer el término, digan la definición en voz alta antes de comprobar la respuesta en el reverso.

- Siempre repitan el procedimiento tres veces con cada tarjeta; esto les permitirá asegurase de no caer en la mera especulación y de saber la respuesta correcta.

- Siempre mezclen el mazo de tarjetas; es fácil recordar "lo que viene después".

Muchos sitios virtuales ofrecen a los estudiantes tarjetas u otro tipo de pruebas en línea para evaluar sus propios conocimientos. Las investigaciones muestran que al utilizar estas estrategias para recuperar información

---

[12] THIS IS SUPPOSED TO BE 12. 13 and 12 are the same info. Roediger, Henry L., III, Pooja K. Agarwal, Mark A. McDaniel & Kathleen B. McDermott. "Test-Enhanced Learning in the Classroom: Long-Term Improvements from Quizzing". *Journal of Experimental Psychology: Applied* 17 (2011): 382–395.

mejora el aprendizaje. De hecho, en otro estudio desarrollado en mi salón de clases se exploró este tema en particular. Una investigación demostró que al utilizar tarjetas y pruebas en línea los estudiantes lograron mejorar sus calificaciones en un punto en una prueba sobre un capítulo[13]. (¿Recuerdan el final pop del que hablé antes? Los resultados de la investigación demostraron en esa ocasión que los estudiantes habían sido capaces de retener más material al final del curso si utilizaban las herramientas de autoevaluación.) No obstante, al igual que con las tarjetas de cartón, la recuperación debe aplicarse en el uso de tarjetas y pruebas en línea. Muy a menudo los estudiantes recorren los recursos disponibles en línea haciendo *click, click, click* en lugar de recuperar la información antes de seguir.

Drenaje cerebral

La estrategia de drenar el cerebro es otra herramienta de recuperación que puede aplicarse de forma sencilla en el hogar. Se la conoce por muchos nombres, tales como *descarga cerebral, recuerdo libre* o *para y escribe*, pero el método es el mismo. Esta estrategia resultó ser bastante eficaz para mis estudiantes. De hecho, solía escuchar:

• "¡Podría haber escrito mucho más!" (al finalizar el tiempo)
• "¡Aprendí mucho más de lo que pensaba!"
• "Escribía una cosa y luego mi cerebro se inundaba de información al respecto—y eso me llevaba a más!"

¿Cómo pueden hacer esto en casa? Cuando sus hijos estén estudiando, sugiéranles que hagan una breve pausa.

• Pongan un cronómetro (de 1 a 4 minutos, dependiendo de la edad de sus hijos)
• Las notas no deberán estar a la vista.
• Sus hijos deberán escribir o contarles lo que acaban de estudiar.

---

[13] THIS IS SUPPOSED TO BE 12. 13 and 12 are the same info. Roediger, Henry L., III, Pooja K. Agarwal, Mark A. McDaniel & Kathleen B. McDermott. "Test-Enhanced Learning in the Classroom: Long-Term Improvements from Quizzing". *Journal of Experimental Psychology: Applied* 17 (2011): 382–395.

Esta actividad sencilla no solo permite la recuperación, sino que también se ha demostrado que ayuda a que los estudiantes organicen el conocimiento[14].

Notas de recuperación

Si sus hijos están leyendo de un texto, un sitio virtual o de otra fuente similar, pueden pedirles que cierren el libro o el sitio y que escriban la información más importante, tal como lo harían en la actividad de drenaje cerebral. Repitan esto varias veces mientras dure el tiempo de estudio.

Dos cosas

En lugar de preguntar, "¿Cómo estuvo su día?" reformulen la pregunta de modo que esta les permita recuperar lo aprendido.

- Díganme dos cosas que hayan aprendido hoy en la clase de ciencias (o cualquier otra clase).
- Cuéntenme una historia que haya contado (nombre del docente) hoy. ¿Cuáles creen que han sido los dos aspectos más interesantes?

Una anécdota de la Sra. Bain

Un día, al cabo de una jornada de trabajo muy larga, paré a comprar la cena en un restaurante tailandés. Mientras esperaba, dos ex alumnos que no había visto en seis años entraron al restaurante. Al segundo que me vieron se acercaron con entusiasmo y exclamaron, "¡Sra. Bain!". Empezaron a recitar una letanía de conocimientos que habían aprendido en mi clase. Cada vez que uno de ellos recuperaba un dato, disparaba más recuperación de lo aprendido en el otro. Continuaron descargando información rápidamente y yo sentía que estaba mirando un partido de ping-pong intelectual. ¡Y lo

---

[14] Zaromb, Franklin M. & Henry L. Roediger III. "The Testing Effect in Free Recall Is Associated with Enhanced Organizational Processes". *Memory & Cognition* 38 (2010): 994–1008.

que decían era correcto! Lo que me pareció increíble es que no habíamos planeado vernos, por lo que no había preparación de parte de los estudiantes. No obstante, ¿cómo era posible que, a pesar de que habían pasado seis años, ellos pudieran extraer tanta información de su mente? ¡Habían practicado la recuperación!

 ## Práctica de recuperación

La práctica de recuperación mejora el aprendizaje por medio de la extracción de la información de la mente de los estudiantes, en lugar de atiborrar la mente con información.

PUNTOS CLAVE

¿Cómo aplicar la práctica de recuperación en casa?

☐ La práctica de recuperación es tan poderosa que yo la llamo una Herramienta de poder.

☐ ¡Usen la recuperación de forma habitual! No tiene por qué ser utilizada solamente en la escuela.

☐ Si sus hijos tienen tarea domiciliaria, hagan que recuperen lo aprendido *contándoles* a ustedes al respecto.

☐ Háganles preguntas específicas acerca de la tarea domiciliaria.

☐ Pregúnteles a sus hijos, "¿Qué hicieron *ayer* en (nombre de una asignatura)?"

☐ Díganme la cosa (¡o dos cosas!) más interesante(s) que aprendieron en (nombre de una asignatura) hoy.

☐ Cuando llegue a casa un trabajo corregido, hagan preguntas específicas al respecto.

☐ Si llega un trabajo corregido (¡y no tiene que volver a la escuela!) hagan que sus hijos lo corten en párrafos y lo pongan en un frasco o canasta. Escojan algunos párrafos al azar y hablen de ellos.

☐ Promuevan la recuperación por medio del uso de tarjetas.

☐ Pongan un cronómetro por 1 minuto y hagan que sus hijos les cuenten todo lo que recuerden de la clase.

Metacognición

Antes de que empezara a enseñarles a mis estudiantes cómo aprender, a veces decían, "¡Sra. Bain, anoche estudié durante dos HORAS! ¡Me va a ir súper bien en esta prueba!" A medida que las pruebas de estos estudiantes se acercaban más a la cima de mi pila de pruebas por corregir yo podía saborear el éxito. Sin embargo, mi sonrisa desaparecía rápidamente al contar los errores en las pruebas y sabía que los estudiantes se iban a sentir decepcionados. Al comienzo de cada año académico les preguntaba a mis estudiantes: "¿Les ha pasado de estudiar mucho para una prueba y obtener un mal resultado?" Cada año se levantaban aproximadamente el 95% de las manos. Como padres, ¿han visto a sus hijos estudiar, sentirse confiados de que conocen el material y que sin embargo no les vaya bien? (Padre: "¡Pero lo VI estudiar!" Estudiante: "¡Realmente SÍ estudié!").

Existe una explicación para esto. A menudo se estudia repasando notas. Repasar notas es una técnica de estudio habitual pero poco efectiva, ya que los estudiantes tienden a repasar *lo que ya saben*. Las hojas de repaso y las notas empiezan a lucir familiares, de manera que los estudiantes piensan que ya conocen el material. Se sienten confiados porque se han convertido en expertos en ese material. Muchas veces pasan por alto lo que *no* saben, ya que resulta difícil, incómodo y es minimizado. ¡Es difícil estudiar cosas que aún no dominamos! Pero como un examen incluye *todo* el material, los estudiantes se sienten decepcionados al recibir la propuesta de la prueba y no saber las respuestas.

El éxito para el que se habían preparado desvanece. Muy a menudo, este es el momento en el que los estudiantes empiezan a internalizar el fracaso; sus esfuerzos no valen la pena. ¿En qué punto ocurrió la desconexión?

Pausa . . .

¿Han visto a sus hijos estudiar mucho para una prueba y que no les haya ido bien?

La ayuda ha llegado. Se llama *metacognición*. La metacognición es básicamente "pensar sobre el pensamiento". En mi caso, la enseñanza a mis estudiantes acerca de la metacognición comenzaba el primer día de clases. (¡Mis estudiantes de 11 años se deleitaban al pronunciarles esta palabra a sus padres! ¡Y los padres disfrutaban cuando sus hijos les *explicaban* el impacto que había tenido la metacognición en su aprendizaje!) Yo se los explicaba a mis estudiantes de este modo: la metacognición nos ayuda a discernir entre lo que sabemos y lo que no. El no saber una respuesta no es un fracaso; sino simplemente el no poder *recuperar* la respuesta *aún*. Si logramos discernir podemos dedicar menos tiempo a lo que ya sabemos y más tiempo a lo que no sabemos. A medida que los estudiantes entendían estas ideas yo veía aumentar su confianza en sí mismos. A medida que dominaban el método empezaban a volar. Estudiantes que se habían sentido abatidos hasta entonces se abrían a nuevas estrategias y tenían éxito.

Este es un ejemplo que me gusta compartir: ¿Quién fue la Sra. Murasaki Shikibu[15]? Lo más probable es que de inmediato sepan o no sepan la respuesta. Más aún, ustedes *sabían* si la sabían.

Esta es la razón por la cual la metacognición es tan importante. Es una Herramienta de poder que les permite a los estudiantes distinguir ente lo que saben y lo que no.

La metacognición puede ser un concepto difícil de entender. *¿Cómo saben lo que no saben si no lo saben?* Hay veces en que nos hacen preguntas y no podemos recuperar las respuestas; tal vez nunca supimos esa información. Sin embargo, hay otras veces en las que *pensamos* que sabemos la respuesta, pero ésta no es correcta. La clave para la metacognición es la retroalimentación. De hecho, esta es la razón por la que el término completo es *metacognición basada en la retroalimentación*. Una persona (padre o docente) tiene que hacerles saber a los estudiantes, en el acto, si saben o no.

Los estudiantes con dificultades tienden a pasar por alto lo que no dominan y a concentrarse en lo que ya saben. Supongamos que estábamos estudiando para una prueba y dos de las preguntas en la hoja de repaso plantean, "¿Cuál es la capital de Japón? ¿Cómo era la estructura de poder en el régimen de Tokugawa?" Aunque ambas respuestas requieren recuperación, los estudiantes a los que no se les haya enseñado a aprender se concentrarán en la familiaridad de la primera pregunta en lugar de la segunda.

---

[15] Murasaki Shikibu fue una princesa japonesa que vivió alrededor del año 100. Se le suele atribuir la escritura de la primera novela del mundo, *La novela de Genji*.

Los estudiantes que se obtienen calificaciones altas a menudo se han dado cuenta de que deben concentrarse en el material que les es *menos familiar*. Los estudiantes que tienden a obtener calificaciones promedio o por debajo del promedio no han aprendido esto todavía. ¿Qué pasaría si les enseñáramos a los estudiantes *cómo aprender*?

Cuando saben cómo aprender se dan cuenta de que estudiar para una prueba no tiene por qué generarles preocupación. De hecho, dado que han practicado recuperar el material a lo largo de la unidad por medio de cuestionarios y en clase, el tiempo dedicado a la preparación de la prueba a menudo se reduce. Su metacognición les ha mostrado en qué debían concentrarse al estudiar para la prueba.

Volvamos a los ejemplos de cómo hacía que mis estudiantes recuperaran el material en mi clase. Cada vez que les pedía que recuperaran, les daba una devolución inmediata sobre el acierto o no de sus respuestas. Esto ayudaba a la metacognición ya que les permitía ver qué sabían y qué no. Cuando les ponía mini pruebas les pedía que recuperaran algo que habíamos estudiado el día anterior. Una vez terminadas las cinco preguntas las repasaba una vez más y explicaba las respuestas correctas. Los estudiantes recibían retroalimentación inmediata. Yo recogía las mini pruebas para poder darles más retroalimentación y se las devolvía al día siguiente. Cada día, los estudiantes tenían oportunidades de verificar lo que sabían y entender lo que todavía necesitaban aprender.

Los docentes saben que cada estudiante aprende a su propio ritmo. Al enseñarles cómo aprender me di cuenta de que a veces podía dividir a mis estudiantes en subgrupos. En el Grupo 1 se encontraban aquellos estudiantes capaces de aprender rápidamente y de retener información con facilidad; la mayoría de las veces solo necesitaban retroalimentación. El Grupo 2 era el más común. Lo que usualmente funcionaba mejor era presentar un tema seguido de un repaso, práctica de recuperación, retroalimentación, un repaso adicional y consolidar lo aprendido por medio de más recuperación y retroalimentación. El Grupo 3 reunía a estudiantes que, a pesar de la introducción al material y de varios intentos de repaso, recuperación y retroalimentación, todavía tenían dificultades para retener la información. Yo veía que sus frustraciones a la hora de aprender a menudo repercutían en su motivación. ("Si dedico tiempo a estudiar y a pesar de ello me va mal, ¿para qué estudiar?")

A los estudiantes del Grupo 1 les iba bien en mi clase; les iba bien en todas las clases. A los estudiantes del Grupo 2 también les iba bien en mi clase; entender cómo aprender les daba el estímulo que necesitaban. Pero fue a los estudiantes del Grupo 3 a los que vi florecer y sacar mayor provecho de la metacognición basada en la retroalimentación. Era como si aprender *a aprender* hubiera sido un código secreto al que no habían tenido acceso hasta entonces.

Esos estudiantes habían pasado demasiado tiempo estudiando y haciendo pruebas sin obtener buenos resultados simplemente porque no habían tenido la oportunidad de recuperar el material y tener retroalimentación que les permitiera saber si su recuperación era correcta o no *antes de realizar la prueba.* Como docente me di cuenta de que la metacognición basada en la retroalimentación era de suma importancia. De hecho, encontré que era crucial para el éxito de los estudiantes.

Una vez más, como docente, sabía de la importancia de la retroalimentación y me aseguraba de ofrecerla constantemente en mi salón de clases. Sin embargo, también quería que mis estudiantes fueran capaces de retroalimentarse a sí mismos. Esto era algo que podían hacer en casa, en otras clases y en los años por venir.

Desarrollé entonces una herramienta que llamo los Cuatro pasos de la metacognición. Cuando los estudiantes usan los Cuatro pasos, son capaces de juzgar lo que saben (un juicio de aprendizaje), evaluar su precisión y saber dónde concentrar el estudio. Más aún, esta herramienta les permite retroalimentarse a sí mismos. A continuación encontrarán un ejemplo de cómo usar los Cuatro pasos de la metacognición.

Tarjetas de recuperación[16]

Las tarjetas de recuperación son una variante de las tarjetas de estudio. A menudo hacía que los estudiantes completaran sus tarjetas de recuperación durante el curso; generalmente una vez por mes o cada dos semanas.

- Pongan la definición en la tarjeta y dejen el término a definir en blanco (o viceversa).

- Completen la tarjeta usando los Cuatro pasos de la metacognición (detallados a continuación).

- Los estudiantes tienen la posibilidad de recuperar el material *y* de recibir retroalimentación con respecto a su precisión.

---

[16] Agarwal, Pooja K. & Patrice M. Bain. *Powerful Teaching: Unleash the Science of Learning.* San Francisco: Jossey-Bass, 2019.

Aquí un ejemplo:

Definición: riego por medio de
canales o cañerías

Estos son los Cuatro pasos de la metacognición[17].

Los Cuatro pasos de la metacognición

1 Pon una ★ si conoces la respuesta o una ?
si no la sabes.

2 Responde todas las ★
sin recurrir a tus libros o notas

3 Busca las respuestas a todas las ?
en tus libros y notas

4 Verifica que todas las ★ sean correctas

---

[17] Agarwal, Pooja K. & Patrice M. Bain. *Powerful Teaching: Unleash the Science of Learning.*
San Francisco: Jossey-Bass, 2019.

Ahora volvamos al ejemplo de la tarjeta de recuperación.

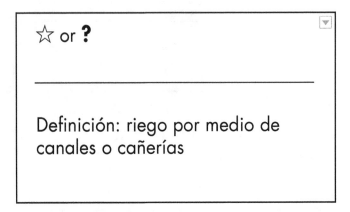

Aplicación de la técnica de los Cuatro pasos:

* Al no usar libros o notas, los estudiantes hacen este juicio de aprendizaje: ¿Lo sé o no? Una simple estrella (los estudiantes más pequeños suelen preferir una carita feliz) indica "Lo sé"; un signo de interrogación refleja que no se sabe la respuesta.
* El paso 2 consiste en responder las preguntas que son conocidas. Este es un paso importante, porque a veces *pensamos* que sabemos una respuesta, pero no.
* El paso 3 es la primera vez que un estudiante abre un libro o mira las notas, encuentra la respuesta y la escribe.
* El paso 4 consiste en volver a verificar que lo que los estudiantes pensaron que sabían era correcto.

A veces me preguntan, "¿Puedo cambiar el signo de interrogación por una estrella ahora que sé la respuesta correcta?" Mi respuesta siempre es *no*. Uno de los propósitos de la técnica de los Cuatro pasos es que los estudiantes hagan ese juicio de aprendizaje y que identifiquen rápidamente las áreas en las que necesitan concentrarse. Quedarse con la respuesta original ayuda a este proceso.

Hoja de metacognición

Se trata de un tipo de guía de estudio que facilita la preparación para una prueba sobre la base de los Cuatro pasos de la metacognición.

Mis estudiantes sabían que solo porque algo estuviera en la hoja de metacognición no garantizaba que fuera a estar en la prueba. A menudo usaba esta actividad para espaciar el material que los estudiantes iban a necesitar más tarde.

A continuación encontrarán un ejemplo de hoja de metacognición; hay una en blanco al final de la guía.

Hoja de metacognición Capital neto y flujo de caja

☆	?	Ítems a Saber	Respuesta
		Activos	
		Flujo de Caja	
		Gastos	
		Movimientos	
		Ingresos	
		Pasivos	

¿Cómo hacer esto en casa?

Es común que los docentes den a sus estudiantes algún tipo de guía de estudio para ayudarlos a prepararse para los exámenes. Aquí algunas sugerencias:

- Si a sus hijos deben completar la guía de estudio en casa deberán utilizar los Cuatro pasos de la metacognición antes de rellenar la guía. Esto ayuda a identificar el tema de estudio central.

- Si sus hijos ya han completado la guía de estudio en la escuela, hagan que coloquen notas adhesivas u otro tipo de cubierta sobre las respuestas y procedan con los Cuatro pasos.

Al añadir la técnica de los Cuatro pasos de la metacognición a las tarjetas de recuperación o a la guía de estudio (hoja de metacognición), los estudiantes tendrán una gran ayuda visual a la hora de estudiar. Serán capaces de distinguir lo que saben de aquello a lo que necesitan dedicarle más tiempo de estudio con una simple mirada.

¿Recuerdan el ejemplo que presenté antes sobre un estudiante que a pesar de haber estudiado por un largo tiempo obtuvo un mal resultado en la prueba? Estas estrategias les permiten a sus hijos distinguir entre lo sabido y lo desconocido. ¡Problema resulto! Al aplicar los Cuatro pasos de la metacognición abordan esas áreas que necesitan más estudio, en lugar de estudiar lo que ya saben y minimizar lo no sabido. Más aún, es común que los estudiantes necesiten menos tiempo de estudio ya que la técnica les permite identificar las áreas que necesitan atención.

Quisiera compartir una conversación maravillosa que tuve con una madre. Lo que les contaré sucedió en una reunión de padres y docentes en la que se podía sentir la tensión. Ella me comentó que se había sentido muy decepcionada porque su hijo no había obtenido buenos resultados en las mini pruebas. Ante la pregunta de qué había sucedido él le había respondido: "Oh, fue simplemente mi metacognición que me dijo que aún no estaba listo para recuperar lo aprendido". Ella me preguntó, "¿Qué clase de respuesta es esa?" No pude evitar sonreír, porque su hijo le había dado la respuesta perfecta. Le conté brevemente acerca de la práctica de recuperación y de la metacognición y miramos las calificaciones de las pruebas con las que había evaluado los capítulos estudiados. Todas las calificaciones eran de "*A*". Luego de que le explicara la investigación de fondo su respuesta fue, "Bueno, ¡quién lo diría! ¡Realmente él *sí* la tiene clara!"

Ayudar a sus hijos a desarrollar la capacidad de comprender el poder de la recuperación y de la metacognición basada en la retroalimentación los beneficiará en los años por venir. De hecho, estas son las herramientas que a menudo separan a los que aprenden fácilmente de aquellos a los que les resulta difícil aprender.

Una anécdota de la Sra. Bain

A menudo me contactan ex alumnos y sus padres. Recibí una adorable nota de una madre unos años después de que sus hijas habían estado en mi clase. La familia se había ido de vacaciones a Europa por el verano y la madre estaba maravillada de las historias y los datos que le contaban sus hijas acerca de cada sitio histórico. Cada vez que se les preguntaba a las chicas cómo sabían toda esta información, su respuesta era siempre: "Oh, lo aprendimos en la clase de Sra. Bain." ¡Habían pasado años desde que habían aprendido esa información! De hecho, era raro que pasara algún año académico *sin* que me contactaran padres o alumnos sorprendidos con historias similares vinculadas al placer de recordar información aprendida en años anteriores.

Metacognición basada en la retroalimentación

La metacognición basada en la retroalimentación mejora el aprendizaje al brindar la oportunidad a los estudiantes de saber qué saben y qué no saben.

PUNTOS
CLAVE

☐ La metacognición basada en la retroalimentación es tan poderosa que la llamo una Herramienta de poder.

☐ Varios de los puntos claves que se encuentran en el capítulo sobre la recuperación (Capítulo 3) también se pueden aplicar aquí.

☐ Los estudiantes necesitan ser capaces de diferenciar aquello que saben de aquello que aún necesita su esfuerzo.

☐ El estudio es más eficiente y eficaz cuando los estudiantes dedican tiempo a aquello que *no* saben.

☐ Háganles preguntas a sus hijos basadas en la tarea domiciliaria o en las tarjetas; denles retroalimentación sobre si sus respuestas son correctas o no.

☐ Estimulen a sus hijos a usar los Cuatro pasos de la metacognición al trabajar con tarjetas de estudio, tarjetas de recuperación, guías de estudio y hojas de metacognición.

Distribución

"El aprendizaje se refleja en resultados altos en las pruebas". Les puede sorprender que esta oración sea debatida por científicos cognitivos y educadores. "El olvido es bueno para el aprendizaje". ¡Está oración parece tan contraria al sentido común! Sin embargo, es cierta. He explicado de qué modo la recuperación fortalece la memoria. Las investigaciones demuestran que cuando aprendemos algo lo más probable es que podamos recuperarlo poco después de haberlo aprendido. Sin embargo, si esperamos mucho tiempo antes de recuperar la información, a veces es como si no la hubiésemos aprendido (piensen cuán común es que las primeras semanas de clase se dediquen a repasar y muchas veces volver a enseñar lo que se trabajó el año anterior). Lo que más estimula y fortalece el aprendizaje es olvidarse de la información aprendida tan solo un poco; ese sentimiento de tener algo en la punta de la lengua mientras miramos el techo, como si la respuesta pudiese ser bajada de un tirón. El aprendizaje se refuerza cuando recuperamos lo aprendido en *ese* preciso instante. Al hecho de esperar a ese momento de olvido y luego ser capaz de recuperar la información se le llama práctica de distribución.

La práctica de distribución, o simplemente distribución, es la tercera de estas herramientas de poder. La distribución se puede mirar de dos maneras. Por un lado, la podemos definir como la recuperación intencional de información a intervalos deliberados. Por otro lado, la distribución refiere también a espaciar la enseñanza de los contenidos de una unidad en el tiempo. Por ejemplo, el aprendizaje será más sólido si es distribuido en lugar de enseñar un tema de forma intensiva y luego cambiar a otro. Además, el dar lugar a que exista un poco de olvido consolida el aprendizaje aún más.

Empecemos por pensar en la distribución como la recuperación de información de manera intencionada y a intervalos deliberados. Es demasiado común que se enseñe algo y *no* volver a ello hasta el momento de estudiar para una prueba importante o un examen final. Desafortunadamente, esto lleva a que los estudiantes básicamente tengan que empezar de cero cuando se acerca la prueba. Puede que lo hayan aprendido al principio, pero se ha ido. ¿Se acuerdan del ejemplo que les di más arriba, de aquellos momentos en los que recibimos miradas atónitas? El hecho de que se haya enseñado un tema no significa que se haya aprendido. Incluso si algo se ha enseñado y ha sido *recuperado*, no indica que haya *aprendizaje a largo plazo* si no se ha vuelto a revisar la información. Esa revisión de la información es lo que se conoce como distribución. Las investigaciones nos indican que los recuerdos se fortalecen cuando brindamos más oportunidades de recuperar la información.

Pausa . . .

¿Alguna vez han tenido que "atiborrarse" de información para un examen? ¿Cuál fue el resultado? ¿Cuánto recuerdan?

Si su respuesta a la pregunta sobre atiborrarse de información fue *sí*, es probable que en sus salones de clases no se haya empleado la distribución. Atiborrarse de información suele ser necesario cuando algo se ha enseñado, pero no ha sido revisado. ¿Las malas noticias? ¡Atiborrarse de información funciona! Más precisamente, atiborrarse de información funciona a corto plazo. Es común que cuando los estudiantes se atiborran de información para una prueba (¡Recuerdo quedarme toda la noche estudiando cuando estaba en la universidad!) obtengan calificaciones aceptables en los exámenes, pero el aprendizaje desaparece rápidamente. Incluso hoy en día, atiborrarse de información es una estrategia de estudio muy habitual.

Lo que aprendí de mis propias experiencias de atiborrarme de información y luego olvidarme de lo que había aprendido me hizo a cuestionar duramente mi práctica docente. *Por supuesto* que quiero que mis estudiantes obtengan buenas calificaciones en las pruebas. Pero ¿a qué costo? ¿Quiero que obtengan buenas calificaciones en las pruebas a costo de olvidarse del material que enseñé con tanto esfuerzo? Es aquí que observé que la distribución era crucial.

Existen varias investigaciones que demuestran que los estudiantes pueden llegar a perder hasta la mitad de la información enseñada si la misma no ha sido distribuida. En su investigación, los científicos cognitivos Doug Rohrer y Kelli Taylor compararon[18] el efecto de la distribución con el

---

[18] Rohrer, Doug & Kelli Taylor. "The Effects of Overlearning and Distributed Practice on the Retention of Mathematics Knowledge". *Applied Cognitive Psychology* 20 (2006): 1209–1224.

atiborramiento de información y hallaron que, al principio, ciertamente, los estudiantes obtenían mejores calificaciones cuando se atiborraban de información. Sin embargo, cuando se los evaluaba nuevamente sobre el mismo material a las cuatro semanas, las calificaciones de aquellos que se habían atiborrado de información descendían drásticamente.

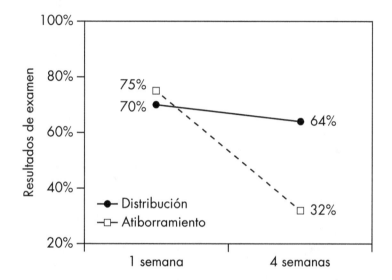

Muchas investigaciones han llegado a conclusiones similares. Tal como se presenta en *Powerful Teaching*, "Lo que resulta bueno para el aprendizaje a corto plazo, releer o atiborrarse de información, por ejemplo, conduce a una gran pérdida del aprendizaje en el largo plazo si se lo compara con estrategias desafiantes, tales como la práctica de recuperación y la distribución"[19].

¡Al leer acerca de esta clase de resultados veía que había una respuesta para mi pregunta! La distribución me permitía preparar a mis estudiantes para obtener mejores calificaciones en las pruebas *y* para aumentar su retención del conocimiento. Las investigaciones nos dan una idea de cuán seguido se debe *recuperar* la información para *retenerla*. Sabemos que en

---

[19] Maddox, Geoffrey B. "Understanding the Underlying Mechanism of the Spacing Effect in Verbal Learning: A Case for Encoding Variability and Study-Phase Retrieval". *Journal of Cognitive Psychology* 28 (2016): 684–706.

lugar de pedirles a los estudiantes que recuperen información inmediatamente luego de haber enseñado un tema, es necesario un poco de olvido
para aprender mejor. Mi regla general era:

- Poner una mini prueba el día después de haber aprendido el material.
- Revisar los temas importantes una semana después con las estrategias
  que describo a continuación.
- Revisar los temas importantes nuevamente una semana antes de una
  prueba, por medio de tarjetas de recuperación y hojas de metacognición.

Una de mis estrategias favoritas es la Explosión de pasado. En el capítulo
sobre la recuperación les sugerí que les preguntaran a sus hijos sobre lo
que habían aprendido ese día. De hecho, es una excelente manera de empezar una conversación. Una Explosión de pasado (o miércoles de asombro,
jueves de retorno, etc.) significa simplemente volver a preguntar sobre un
aprendizaje particular, pero un tiempo después. Preguntar sobre un aprendizaje anterior puede ser una forma de "volver a empezar" una conversación.
En mis cursos solía escribir los temas importantes del día para incluirlos en
la planificación de una clase futura y cuando llegaba esa clase futura, esos
temas que había escrito se convertían en las preguntas de mi Explosión de
pasado. Estas preguntas pueden hacerse muy rápidamente; en mi clase me
tomaba un minuto o menos y lo que sucedía era que: ¡ocurría la distribución,
la metacognición surtía efecto, los estudiantes recuperaban lo aprendido y
se retenía el conocimiento! Si ustedes son como yo y puede que la semana
que viene necesiten un recordatorio de los temas importantes de esta semana, preparen un calendario de recuperación y anoten las preguntas que
harán en el futuro, como hacía yo con la planificación de mis clases.

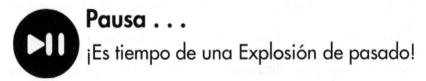

Pausa . . .
¡Es tiempo de una Explosión de pasado!

Por favor respondan: ¿Cuáles son los tres pasos del aprendizaje?

Lo único que se necesita para una Explosión de pasado es menos de un
minuto. Dado que ustedes ya leyeron acerca de los tres pasos del aprendizaje en el Capítulo 1, al hecho de volver traerlos a colación le llamamos
distribución. ¿Pudieron recuperar la respuesta? ¿Estaban seguros de su
respuesta? ¿Estaban inseguros? Su metacognición les estaba ayudando.

(Aquí la retroalimentación necesaria para saber si su respuesta era la correcta: los tres pasos del aprendizaje son codificación, almacenamiento y recuperación.)

Existen otras estrategias alternativas al atiborramiento de información en poco tiempo. Blake Harvard, educador y *blogger*, ofrece sugerencias en su artículo "Plan Ahead with Studying"[20]:

- En lugar de quemarse las pestañas atiborrándose de información la noche antes de una prueba, intenten dedicarle 10–20 minutos de estudio tres o cuatro noches antes.
- Van a ahorrar tiempo y recordarán más información.
- Al distribuir el estudio, estarán usando una estrategia comprobada que aumenta la retención del material estudiado.

La otra manera de abordar la distribución consiste en espaciar la información en el tiempo. Por ejemplo, una de mis colegas observó grandes ventajas con respecto al aprendizaje si espaciaba su enseñanza de la mitosis (la duplicación de cromosomas en las células). Hasta entonces, mi colega solía enseñar la mitosis y luego pasar a otro tema. Para ver si la distribución hacía la diferencia, en lugar de enseñar mitosis y pasar a otro tema, lo que hizo fue enseñar mitosis en relación a la reproducción animal y luego enseñar el tema de nuevo en relación a la reproducción vegetal, varias semanas después. Utilizó el mismo tiempo de enseñanza, pero distribuido. El aprendizaje de la mitosis mejoró drásticamente tanto a nivel gráfico, en la descripción del tema en la escritura de ensayos y en la selección de términos para completar los espacios en blanco. A pesar de que el cuándo y el cómo enseñar queda a criterio de los docentes los padres pueden fácilmente brindar oportunidades para la recuperación distribuida en casa. (Estén atentos; les enseñaré cómo hacerlo más adelante en este capítulo.)

Las tres Herramientas de poder (recuperación, metacognición y distribución) van de la mano. Para aprender necesitamos ser capaces de extraer información (recuperación), saber si estamos en lo correcto (metacognición) y revisar la información (distribución). Esto es clave.

Muy a menudo, esto no sucede. Los libros de texto están usualmente diseñados para enseñar, evaluar y seguir adelante. Los docentes están presionados para cubrir una inmensa cantidad de información y puede que sientan

---

[20] "How Should I Study for the Test?" *The Effortful Educator Blog*. Recuperado de https://the effortfuleducator.com/2020/06/06/how-should-i-study/.

que no tienen tiempo. (Y, si ese es el caso, por favor recomiéndeles el libro *Powerful Teaching* a los docentes de sus hijos.)

A pesar de que un poco de olvido potencia la recuperación, el distribuir la recuperación mejora el aprendizaje *y* disminuye el olvido en el largo plazo. Los estudiantes retienen más conocimiento y se necesita menos tiempo para repasar. ¡Además, las investigaciones muestran que cuando los estudiantes usan la recuperación distribuida mientras leen los libros de texto, los resultados mejoran dos puntos![21]

¡Los estudiantes *sí* retienen el conocimiento! Aquí encontrarán algunas técnicas para potenciar la retención que desarrollé para mi salón de clases. Luego de explicarlas les mostraré cómo adaptarlas para aplicarlas en su hogar.

GCP

En el Capítulo 3 hablé de las mini pruebas. Para incorporar la distribución, añadí otra estrategia a la que llamé GCP, gran canasta de preguntas. Al final de cada día, tomaba algunas preguntas seleccionadas de las mini pruebas y las colocaba en una gran canasta. Los viernes, elegía al azar diez preguntas de la gran canasta para que los estudiantes contestaran. Las preguntas referían a cualquier cosa aprendida la semana anterior, varias semanas antes, o incluso un mes o más antes. Este simple ejercicio incorporaba recuperación, distribución y metacognición.

¿Cómo pueden hacer esto en casa? ¿Sus hijos traen la tarea domiciliaria corregida a casa? Si la tarea domiciliaria no necesita ser devuelta simplemente corten las preguntas y pónganlas en una canasta o frasco. Escojan preguntas al azar. Dependiendo de la edad de sus hijos necesitarán su ayuda o podrán hacerlo solos.

Tarjetas

En el Capítulo 3 compartí consejos y presenté estrategias para el uso de las tarjetas. Vayamos un paso más allá y descubramos cómo mejorar el aprendizaje de manera efectiva y eficiente a través del uso de las tarjetas.

---

[21] Uber, Oyku & Henry L. Roediger III. "The Effect of Question Placement on Learning from Textbook Chapters". *Journal of Applied Research in Memory and Cognition* 7 (2018): 116–122. Ver también Weinstein, Yana, Ludmila D. Nunes & Jeffrey D. Karpicke. "On Placement of Practice Questions During Study". *Journal of Experimental Psychology: Applied* 22 (2016): 72–84.

Un método popular es usar una caja de Leitner, o el sistema de Leitner, llamado así en homenaje a Sebastian Leitner, quien en 1970 diseñó un método de práctica de recuperación distribuida con tarjetas. A continuación encontrarán un ejemplo:

¿Qué se necesita?

* Tarjetas hechas por los estudiantes.
* Una caja del tamaño de las tarjetas con cinco pestañas.
* Las pestañas pueden tener varios nombres:
  * Hoy, martes, jueves, 1er día del mes, 15 de marzo o
  * Todos los días, miércoles, una vez por semana, cada dos semanas, una vez al mes o
  * A, B, C, D, E y el cronograma que ustedes decidan.
  * El propósito de las categorías es potenciar la distribución.

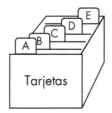

Procedimiento

* Pongan todas las tarjetas detrás de la primera pestaña.
* Pasen por todas las tarjetas tres veces.
* Cada vez que la respuesta a una tarjeta sea correcta tres veces pónganla en la pestaña siguiente.
* Respuestas incorrectas = la tarjeta vuelve a la primera pestaña.
* Todo el material nuevo debe ser añadido a tarjetas y colocado detrás de la primera pestaña.
* Sigan el cronograma de las pestañas.
* Al final, todas las tarjetas estarán detrás de la última pestaña.

¿Por qué funciona?

Este método funciona porque brinda una oportunidad de recuperar y distribuir lo aprendido y promueve la metacognición basada en la retroalimentación. Al añadir más tarjetas a lo largo de las unidades de estudio, sus hijos no tendrán que atiborrarse de información la noche antes de un examen importante.

Otro ejemplo es el "Repaso con tarjetas" encontrado en un sitio virtual llamado InnerDrive. He incluido una copia en el Capítulo 8: Recursos.

¿Por qué?

Es una estrategia que funciona como complemento de la mayoría de las estrategias brindadas en esta guía. Cuando sus hijos recuperen lo aprendido asegúrense de preguntar "¿Por qué?"

- *El llamado Motín del té de Boston tuvo lugar en 1773 cuando los colonos lanzaron al mar un cargamento de té.* Este puede ser un hecho a recuperar por los estudiantes. No obstante, el próximo paso debería ser preguntar, "¿Por qué?"
- *Aaron Burr le disparó a Alexander Hamilton en un duelo.* ¿Por qué?

Al preguntar "¿por qué?" no solo se recuperan los hechos, sino que también se desencadena más recuperación que fortalece la memoria. Además, la pregunta de "¿por qué?" junto con la distribución de lo aprendido promueve que emerja la intensidad del gancho, lo aprendido anteriormente. Esta manera de entrelazar hechos activa el pensamiento crítico.

Boleto de poder

El boleto de poder es otra estrategia que incorpora recuperación y distribución. ""

¿Qué aprendieron hoy[22]?

Semana 1 Tema:	Semana 2 Tema:	Semana 3 Tema:	Semana 4 Tema:	Semana 5 Tema:	Semana 6 Tema:
Dato 1:	**Dato 1:**	**Dato 1:**	**Dato 1:**	**Dato 1:**	**Dato 1:**
Dato 2:	**Dato 2:**	**Dato 2:**	**Dato 2:**	**Dato 2:**	**Dato 2:**
Dato 3:	**Dato 3:**	**Dato 3:**	**Dato 3:**	**Dato 3:**	**Dato 3:**

---

[22] Agarwal, Pooja K. & Patrice M. Bain. *Powerful Teaching: Unleash the Science of Learning.* San Francisco: Jossey-Bass, 2019.

¿Cómo completarán esto sus hijos? ¡Por medio de la recuperación! Sin notas ni libros.

- Cada semana elijan un tema importante y un dato enseñados en clase.
- Agreguen un dato a la columna de la semana anterior hasta que esté completa.
- Verifiquen que sus datos sean correctos.

Una anécdota de la Sra. Bain

Tuve una estudiante (la llamaré Abby) que siempre había estado en salones de educación especial. Su docente la quería en mi clase por razones de socialización. Un año después de que se había terminado su tiempo en mi clase, Abby (y su docente) era la encargada de entregar las notas de la oficina a los estudiantes al final de cada día. Mientras Abby llevaba a cabo esta tarea yo la veía una o dos veces por semana. Siempre me ponía feliz de verla.

Un día, yo había estado discutiendo la idea de metacognición con mis estudiantes antes de que ella entrara a mi salón de clases. Pensé que sería interesante probar lo siguiente: Yo dije, "Abby, ¿cuál es una de mis palabras favoritas que comienza con M?" Ella contestó inmediatamente y con entusiasmo, "¡Mesopotamia!" A pesar de que yo quería que ella dijera "metacognición", no me podía haber puesto más orgullosa. Hacía más de un año y medio que ella había estudiado la Mesopotamia y, sin embargo, había sido capaz de extraer la idea de su memoria.

Distribución

La práctica de distribución ayuda a mejorar el aprendizaje al espaciar las clases y las oportunidades de recuperación en el tiempo, de manera no acumular el aprendizaje en una única sesión.

PUNTOS
CLAVE

- [ ] La práctica de distribución es tan poderosa que yo la llamo una Herramienta de poder.

- [ ] "Vuelvan a empezar" sus conversaciones. Traigan a colación el aprendizaje previo.

- [ ] Cuando la tarea domiciliaria no deba ser regresada a la escuela, córtenla para preparar las preguntas de la gran canasta de preguntas.

- [ ] Usen alternativas al atiborramiento; distribuyan el estudio.

- [ ] Sigan las instrucciones para el uso de las tarjetas; distribuyan el aprendizaje con el sistema de Leitner.

- [ ] Las tarjetas de recuperación, las hojas de metacognición (Capítulo 4) y los boletos de poder son herramientas efectivas para la distribución.

- [ ] Incorporar la pregunta "¿por qué?" a cada estrategia fomenta el pensamiento crítico.

CAPÍTULO 6

Inmersión semiprofunda en el aprendizaje

Inmersión semiprofunda en el aprendizaje

Seguramente les haya ocurrido de estar conduciendo de vuelta a casa luego de un largo día de trabajo y de repente—estar en casa sin recordar haber salido de la carretera ni tomar las calles oportunamente. Es como estar en piloto automático en un coche que supiera el recorrido.

Pausa . . .

Hagan memoria. ¿Qué ejemplos pueden recordar de haberse encontrado en "piloto automático"—de ser capaces de hacer cosas sin tener que pensar en ellas?

Puede que tengan un lugar fijo donde guardan sus gafas de sol. Por tener este "lugar fijo", las guardan ahí automáticamente y, mejor aún, ya saben dónde ir cuando las necesitan. En este capítulo realizaremos una inmersión semiprofunda en los *por qué* y los *cómo* del aprendizaje y la memoria.

Memoria a largo plazo y memoria funcional

Todos tenemos lo que se denomina memoria a largo plazo y memoria funcional. Al recuperar recuerdos o cuando estamos en piloto automático accedemos a nuestra memoria a largo plazo. A continuación encontrarán una situación diferente: supongamos que estoy conduciendo en un lugar que no conozco y el tráfico está pesado. Si bien mi teléfono me indica el recorrido, nada me parece familiar. Tomo el volante con fuerza y sé que tengo que apagar la música, dejar de hablar y concentrarme en mi entorno. ¿Qué cambió de una historia de manejo a la otra? En mi memoria a largo plazo no hay nada que me ayude con mi último trayecto. Toda la información se encuentra en mi memoria funcional, que tiene una capacidad muy limitada. De hecho, las investigaciones muestran que solamente podemos almacenar entre cuatro y siete ítems en nuestra memoria funcional. Sé que para mantener la concentración debo reducir todas las distracciones al mínimo.

El cerebro

El cerebro es un órgano muy complejo. A continuación encontrarán una explicación simplificada de su incidencia en el aprendizaje. En el Capítulo 2 presenté una analogía de cómo nuestro cerebro tenía "ganchos" donde se almacenaba la información. Analicémoslo con mayor detenimiento.

La memoria funcional es similar a los archivos de una computadora, una nota adhesiva o una libreta de anotaciones; es donde anotamos las cosas que queremos recordar. Contiene información limitada. (¡Si alguna vez han intentado seguir la lógica de las notas adhesivas o de las páginas de una libreta de anotaciones se habrán dado cuenta de que es muy fácil perder el hilo! Lo mismo es válido para la memoria funcional.) Una vez que terminamos de utilizar los ítems en nuestra memoria funcional, estos tienden a desaparecer.

Por otra parte, la memoria a largo plazo es donde almacenamos nuestros recuerdos. Es ilimitada. Los ganchos de los que hablamos antes están en la memoria a largo plazo. Cuando *recuperamos* información ponemos a funcionar la memoria a largo plazo.

Vayamos un poco más profundo; procesamos la información a través de las neuronas o células nerviosas. Los impulsos nerviosos viajan de una neurona a otra a través de los axones (que me recuerdan a colas acopladas). El axón está cubierto por una vaina de mielina. Imagino a las vainas de mielina como "llantas" que recubren el axón (el tamaño de las llantas puede ser tan pequeño como las llantas de bicicleta o tan grande como las de los camiones monstruo. ¡Tengo una imaginación vívida!). Entre las neuronas hay espacios, también llamados sinapsis. Cuando aprendemos información una corriente eléctrica viaja por el axón y ayudados por sustancias químicas, los impulsos nerviosos van de neurona a neurona saltando por encima de las sinapsis. A mayor número de corrientes eléctricas disparadas, más gruesa será la vaina de mielina (¡o más grande la llanta!). A su vez, esto aumentará la velocidad del disparo y conducirá a una evocación más rápida de los recuerdos.

¿Por qué es importante saber esto? Nuestra memoria funcional es limitada y por ello debemos ser capaces de conectarla con un gancho en nuestra memoria a largo plazo. Al hacerlo, *se fortalece la memoria y el aprendizaje mejora.* Como resultado nuestros cerebros *cambian*; nuestros cerebros son maleables. Este es el concepto de neuroplasticidad[23]. Al recuperar información accedemos a esos recuerdos a largo plazo. A menudo, cuando buscamos información en Google o nuestra técnica para hacer la tarea domiciliaria consiste en leer la pregunta, buscar la respuesta, escribirla y repetirla, no permitimos que la información recorra el trayecto de aprendizaje a través de las sinapsis. La información desaparece. Si bien puede que hayamos obtenido una buena calificación en la tarea domiciliaria el aprendizaje simplemente no ocurrió.

Sobrecarga cognitiva

¿Qué pasa cuando recibimos demasiadas distracciones o instrucciones o información? Experimentamos lo que se denomina *sobrecarga cognitiva.* Estoy segura de haberla experimentado y puede que ustedes también. En mi caso, me pongo tensa, nerviosa y no puedo encontrar las cosas (¡estaba tan distraída que no dejé las llaves del coche en su lugar!) y es claro que se me está acabando la paciencia. ¿Qué les sucede a ustedes? ¿Qué cosas les causan o disparan la sobrecarga cognitiva? ¿Estar desbordados de cosas para hacer? ¿Qué sucede cuando experimentan sobrecarga cognitiva?

Es algo que nos sucede a todos, incluso a nuestros hijos. Como docente era consciente de los horarios de mis estudiantes. Una clase de ciencias de 44 minutos, 4 minutos de pausa entre clases, 44 minutos de matemática, una pausa, ya saben cómo sigue. Había una clara diferencia entre los niveles de energía de mis estudiantes a primera y a última hora. ¿Cuánta sobrecarga cognitiva estaban experimentando?

A continuación encontrarán un grupo de letras. Mírenlas durante unos 5 segundos y luego cúbranlas. Veamos cuántas pueden recordar en este orden.

PNB
CFO
XCB
STN
THG
TVB

---

[23] Whitman, Glenn & Ian Kelleher. *Neuroteach: Brain Science and the Future of Education.* Lanham, MD: Rowman & Littlefield, 2016.

¿Cómo les fue? ¿Cuántas pudieron recordar? Acaban de experimentar lo que se siente al tratar de incorporar información a su memoria funcional y tal vez sintieron un poco de sobrecarga cognitiva al no poder recordar todas las letras. Ahora, permítanme mostrarles una manera más fácil de recordar. Se le llama fragmentación. Voy a fragmentar las mismas letras y asociarlas con algo que me resulte familiar. Empiezo y termino con mis iniciales: P al principio y B al final. Luego hago una lista de los canales de televisión: NBC, FOX, CBS, TNT, y HGTV. Miren la lista nuevamente. ¿Pueden ver cómo la combinación de letras en fragmentos hace que la tarea de recordarlas sea más fácil?

¿Cuán seguido los estudiantes sienten sobrecarga cognitiva al recibir gran cantidad información? Cuando sus hijos se sientan a hacer la tarea domiciliaria, ¿experimentan sobrecarga cognitiva o se sienten desbordados por todo lo que tienen que hacer? En el Capítulo 7 hablaré de la manera de crear rutinas específicas para 1) crear un plan para hacer las tareas domiciliarias y 2) fragmentar las tareas domiciliarias en partes. Enseñarles a sus hijos *porqué* estas estrategias son importantes puede ayudar a reducir la sobrecarga cognitiva.

Dificultad deseable

¿Recuerdan la historia de Ricitos de oro y los tres osos? Cada vez que la niña encontraba un elemento de confort este le resultaba muy grande, muy caliente, muy frío, pero algunos resultaban perfectos. El aprendizaje también es así. Para que el aprendizaje sea exitoso no puede ser ni muy difícil ni muy fácil. Si es muy difícil, no resulta alcanzable. Si es muy fácil y no hay desafío, el aprendizaje no se retiene tampoco. Hay una cita maravillosa en el libro *Make It Stick: The Science of Successful Learning:* "El aprendizaje que es muy fácil es como escribir en la arena. Está aquí ahora pero no mañana"[24].

Yo también recuerdo el sentimiento de tener estudiantes que se frustraban cuando el aprendizaje era difícil y tendían a desconectarse.

¿Cómo reaccionan sus hijos ante el aprendizaje desafiante?

A sabiendas de que parte de mi currículo tenía conceptos difíciles, preparaba mi salón de clases desde el principio del año con carteles que reflejaran mi filosofía. Estos carteles permanecían al frente de mi salón de clases durante todo el año[25].

---

[24] Brown, Peter C., Henry L. Roediger III & Mark A. McDaniel. *Make It Stick: The Science of Successful Learning.* Cambridge, MA: Harvard University Press, 2014.

[25] Agarwal, Pooja K. & Patrice M. Bain. *Powerful Teaching: Unleash the Science of Learning.* San Francisco: Jossey-Bass, 2019.

Yo explicaba que todos aprendemos a diferentes ritmos. Habrá momentos en los que el aprendizaje simplemente haga *click* y entendamos todo rápidamente. Pero hay otros momentos en los que probamos muchas veces antes de dominar un tema. Mis estudiantes sabían que yo no iba a dejar a nadie de lado. Sin importar cuán difícil fuera, el éxito era alcanzable[26].

---

[26] Agarwal, Pooja K., & Patrice M. Bain. *Powerful Teaching: Unleash the Science of Learning.* San Francisco: Jossey-Bass, 2019.

En mi salón de clases no había problema si alguien no sabía una respuesta. Los estudiantes sabían que yo les pediría su opinión sin importar si tenían la mano levantada o no. *Cuando* se le preguntaba algo a un estudiante y este no sabía la respuesta, solo tenía que decir "¡Alguien que me ayude!" para que alguien fuera a su auxilio.

Queremos que los estudiantes se sientan desafiados y alcancen las respuestas. El aprendizaje ideal ocurre cuando los estudiantes descubren, al igual que Ricitos de oro, ese punto caramelo en el que las cosas no son ni muy fáciles ni muy difíciles. Este concepto hasta tiene nombre: dificultad deseable. En mi salón de clases, cuando alguien no sabía la respuesta yo solía decir, "¡Qué bien! ¡Una dificultad deseable!" o "¡Saquémosle provecho a esta DD!" Cuando los estudiantes se enfrentan a una dificultad deseable y son capaces de sortearla y recuperar lo aprendido, el aprendizaje mejora y el conocimiento se retiene. Como dijo uno de mis ex alumnos "¡Oh, mi gancho se acaba de fortalecer!" El entender que este es un proceso de aprendizaje ayudó a muchos de mis estudiantes a enfrentar sus frustraciones hasta vencerlas.

Preparar el terreno

Como docente yo sabía que era importante preparar el terreno para el aprendizaje en mi salón de clases.

"Soy su docente... y les voy a enseñar a aprender"

A pesar de que yo empezaba este proceso el primer día de clases ¡yo sabía que explicar todos los principios del aprendizaje en un día no haría otra cosa que generar sobrecarga cognitiva! Abrir lentamente las cortinas para revelar estos principios se convertía en un proceso. Al final de la primera semana, ya había hablado de mis carteles, de la recuperación y de la metacognición. Los carteles estaban al frente y al centro de mi salón de clases, eso me permitía referirme (cosa que hacía) a ellos muy seguido. Me tomaba mi tiempo para introducir nuevas estrategias y las Herramientas de poder, siempre retrotrayéndome a cómo incidían en el proceso de aprendizaje. La memoria a largo plazo, la memoria funcional, la sobrecarga cognitiva y las dificultades deseables se convertían en conceptos cotidianos ideales. Sin embargo, creo que lo que hacía que el "terreno" de mi salón de clases fuera ideal era el hecho de que era un lugar seguro. Nadie nunca se sintió "menos que" por estar equivocado (de hecho, a menudo mis ex alumnos venían a visitarme y me decían que, para muchos, mi salón de clases era su "refugio"). *Estaba* bien cometer errores; es la manera en la que aprendemos.

Pausa . . .

¿Qué tipo de terreno han preparado para sus hijos
cuando el aprendizaje se torna difícil?

Ilusiones de aprendizaje

Las ilusiones no están reservadas solo para los magos. De hecho, es muy común encontrar ilusiones en lo que respecta al aprendizaje. ¿Recuerdan mi ejemplo anterior en el que los estudiantes habían estudiado durante mucho tiempo ("¡Me va a ir súper bien en esta prueba!") pero no habían obtenido buenos resultados en la prueba? A esto se le conoce como una ilusión de confianza. Otro tipo de ilusión es la ilusión de verdad. Hagamos una actividad.

¿Cuál es la capital de Australia? ¿Sídney, Canberra, o Melbourne?

Alguno de ustedes puede haber respondido "¡Por supuesto que es Sídney!" Otros pueden haber dicho Melbourne. Si escogieron cualquiera de estas respuestas están experimentando una ilusión de verdad, porque la respuesta correcta es Canberra.

Tener oportunidades de poner a prueba su metacognición y recibir retroalimentación les ayuda a los estudiantes a liberarse de las ilusiones. ¿Qué estrategias pueden emplear en casa? Para asegurarse de que no haya ilusiones, asegúrense de que sus hijos tengan medios para evaluar si sus respuestas son correctas (los cuatro pasos de la metacognición, hoja de metacognición, tarjetas de recuperación, guía de recuperación). Si están haciendo preguntas de repaso con sus hijos asegúrense de tener una manera de determinar si las respuestas son correctas.

¿Por qué es importante?

La cuestión fundamental es que el cerebro puede cambiar. El conocimiento sobre la ciencia del aprendizaje y sobre el funcionamiento del cerebro nos permite entender que nuestros cerebros no son inmutables. En realidad, el cerebro está en permanente cambio. Tenemos el poder de fortalecer los recuerdos y de mejorar el aprendizaje y la retención del conocimiento. Podemos identificar ilusiones, bajar la sobrecarga cognitiva y sacar provecho de las dificultades deseables. Esta información ya no está guardada bajo llave. Está disponible aquí y ahora. ¡Muy poderoso!

Una anécdota de la Sra. Bain

Recuerdo muy bien a una estudiante (la llamaré Bailey). Hasta el sexto grado, Bailey había estado en clases aisladas de educación especial. Sus docentes pensaron que le haría bien socializar en mi clase. Bailey no solo logró socializar, sino que ¡también aprendía el material enseñado! Le iba muy bien en mi clase. De hecho, un día invité a su docente de educación especial y a su terapeuta a observar mi clase. Cuando le pregunté "¿Cuándo terminó la Primera Guerra Mundial?" ella supo responder "A las once horas del día once del mes once de 1918". No es necesario aclarar que quedaron boquiabiertos.

PUNTOS
CLAVE

☐ El cerebro está en permanente cambio.

☐ Uno de los objetivos del aprendizaje es conectar la información que se encuentra almacenada en la memoria funcional con la memoria a largo plazo.

☐ La fragmentación de la información puede disminuir la sobrecarga cognitiva.

☐ La metacognición basada en la retroalimentación ayuda a disipar las ilusiones de confianza y de verdad.

☐ ¡Saquémosle provecho a la DD! Las dificultades deseables potencian el aprendizaje.

☐ Entender que los errores son parte del proceso de aprendizaje ayuda a los estudiantes a evitar frustraciones.

☐ Saber cómo aprenden sus hijos les permite a ustedes preparar el terreno ideal para el aprendizaje.

CAPÍTULO 7

Consejos para el aprendizaje en el hogar

Consejos para el aprendizaje en el hogar

¿Se acuerdan de la estrategia llamada Explosión de pasado? Consiste en hacer una pregunta sobre un aprendizaje previo para dar lugar a la recuperación. ¡Hagámoslo ahora!

- ¿Cuáles son los tres pasos del aprendizaje?
- ¿Cuáles eran las tres Herramientas de poder?

¡Autoevaluación! Echen un vistazo rápido para verificar sus respuestas.

Han tenido la oportunidad de ver cómo funciona la ciencia del aprendizaje. En este capítulo veremos cómo esta información se transfiere al hogar. A continuación encontrarán los consejos que he compartido con padres durante años.

Responsabilidad

Empecemos con una conversación y un diagrama que he compartido con mis estudiantes y que solía despertar unas miradas extrañadas, como si se tratara de un pensamiento de otro planeta. Yo lo llamo mi Diagrama de responsabilidad.

27

---

[27] Agarwal, Pooja K. & Patrice M. Bain. *Powerful Teaching: Unleash the Science of Learning.* San Francisco: Jossey-Bass, 2019.

Los tres pasos del aprendizaje son la codificación, el almacenamiento y la recuperación ¿Dónde yace la responsabilidad en estos tres pasos? El diagrama sirve para explicar la idea de responsabilidad. Es común que los docentes (o los padres) sean los responsables de la codificación. Como propuse en el Capítulo 1, existen muchas maneras de acercar la información a los estudiantes.

El segundo paso es el almacenamiento; la codificación ya ha ocurrido y la información está en la mente de los estudiantes.

El tercer paso es la recuperación. Nadie *excepto los estudiantes* pueden recuperar la información. Los docentes y padres pueden codificar la información y brindar una variedad de estrategias para presentar el conocimiento. Sin embargo, el acto de recuperar la información es la responsabilidad de los estudiantes. Mis estudiantes solían mirarme incrédulos cuando hablábamos de los roles de la responsabilidad en el aprendizaje. Cuando les enseñen a aprender a sus hijos, es importante que incluyan este concepto. Es también importante que los padres conozcan este concepto. El aprendizaje requiere acción. No requiere movimiento necesariamente, pero sí requiere acción.

Pausa . . .

¿Han pensado alguna vez en los roles y la responsabilidad con respecto al aprendizaje?
¡Algo en para pensar!

Traslademos esta información al hogar. ¡Literalmente! ¿Cómo *ayudamos* a nuestros hijos a que estudien en casa?

Consejos para estudiar en casa

Nunca es demasiado tarde para empezar a analizar los mejores hábitos de estudio. Sin embargo, cuanto antes se establezcan las expectativas, mejor. A continuación encontrarán algunas recomendaciones que comparto con los padres.

Lugar de estudio

¿Dónde estudian sus hijos? La respuesta varía de familia en familia. Es importante encontrar respuestas a estas preguntas:

- ¿Sus hijos tienen un lugar de estudio fijo?
- ¿Este lugar les permite concentrarse en las tareas escolares?
- ¿Los materiales de estudio están a su alcance?

He podido constatar que ayuda que los estudiantes tengan su lugar de estudio fijo para hacer las tareas escolares. Cuando trabajamos desde casa o tenemos un pasatiempo que realizamos en el hogar es importante tener un lugar establecido con herramientas y materiales al alcance de la mano. Lo mismo sucede con nuestros hijos. La *ubicación* de este lugar de estudio fijo varía. Algunos chicos prefieren un escritorio en un lugar tranquilo y otros prefieren la mesa de la cocina y que ustedes estén cerca.

Distracciones

El punto clave es que el lugar de estudio establecido debe permitir que sus hijos se concentren sin distracciones. Se han realizado múltiples investigaciones sobre estudiar con música y sin música, en otras se compara los resultados de estudio con la televisión prendida y apagada, se analiza el impacto del ruido que hacen los hermanos; la lista es bastante larga.

A esta lista le podemos agregar el impacto de la multitarea. Algunos de nosotros pensamos que somos expertos en realizar múltiples tareas simultáneamente y puede que nuestros hijos piensen también son capaces de mirar la televisión *y* hacer las tareas domiciliarias. Puede que los sorprenda, pero es casi imposible realizar múltiples tareas a la vez. (Lo que sucede es que alternamos entre tareas y, sorprendentemente, ¡no nos sale muy bien!) De hecho, las investigaciones muestran que no somos capaces de pensar dos cosas diferentes a la vez[28]. El pasaje de una cosa a la otra afecta nuestra memoria funcional y acabamos haciendo mal ambas tareas. Como dice Blake Harvard, el Educador Esforzado, en *The Illusion of Multitasking and*

---

[28] De Bruyckere, Pedro, Paul A. Kirschner & Casper D. Hulshof. *Urban Myths about Learning and Education*. London, UK: Academic Press, 2015.

Its Impact on Learning, "la alternancia entre tareas es una forma mucho menos efectiva y eficiente de aprender y estudiar"[29].

La periodista Annie Murphy Paul realmente entiende de educación, ya que ha dedicado su carrera a aprender y escribir acerca del tema. La investigación de Paul acerca de la multitarea es esclarecedora. Ella escribió un artículo sobre los resultados negativos de hacer las tareas domiciliarias mientras se realizan otras tareas. Sus resultados son citados y discutidos profundamente en "Distracted by Technology" de Michael Howard:

> *"Por un lado, lleva más tiempo terminar la tarea domiciliaria, por el tiempo que se dedica a actividades que distraen y porque al volver a la tarea, el estudiante tiene que familiarizarse nuevamente con el material de estudio". Por otro lado, la fatiga mental que genera abordar y abandonar un hilo de pensamiento repetidas veces lleva a cometer más errores. "Además, si el estudiante divide su atención entre varias tareas, su recuerdo de lo que estaba trabajando se verá deteriorado". Paul explica que "lo más importante para la retención es el momento en el que se codifica la información y decenas de investigaciones en laboratorios han demostrado que cuando nuestra atención está dividida durante la codificación, recordamos esta información en menor grado o de plano no la recordamos."[30]*

Échenle un vistazo al lugar de estudio de sus hijos. ¿Es adecuado para la memoria funcional? ¿Permite que sus hijos se concentren? ¿Qué distracciones podrían afectar el aprendizaje?

Rutina

Otro punto clave consiste en tener una rutina establecida. Deben definir la rutina que funcione mejor para su familia. Tal vez sus hijos vuelven a casa

---

[29] Harvard, Blake. "The Illusion of Multitasking and Its Impact on Learning". *The Effortful Educator Blog*, January 21, 2020. https://theeffortfuleducator.com/2020/01/21/the-illusion-of -multitasking-and-its-impact-on-learning/.

[30] Howard, Michael. "Distracted by Technology: Focusing Attention on Homework." *Executive Functioning Strategies Blog*, March 27, 2015. https://www.beyondbooksmart.com/executive -functioning-strategies-blog/distracted-by-technology-focusing-attention-on-homework.

después de la escuela o tal vez se vayan a otro lado. La clave es establecer la rutina (¡a veces empieza con un bocadillo!). ¿La rutina incluye tiempo de descanso? ¿Tiempo para jugar? ¿Tiempo para las redes sociales? ¿Hay que terminar la tarea domiciliaria antes de la cena? ¿Hay que tenerla lista a una determinada hora después de la cena?

Yo he tenido padres que me han dicho que sus hijos les dedican *horas* a las tareas domiciliarias cada noche. ¿Les ha sucedido? ¡Qué doloroso! Muchas veces llenamos nuestro tiempo con tareas porque tenemos tiempo para hacerlas. ¡Yo misma soy un buen ejemplo! Si tengo todo el día para hacer algo lo más probable es que me lleve todo el día. Sin embargo, si solo cuento con una hora es increíble lo que puedo lograr en ese lapso. Los consejos más exitosos que he dado a padres acerca de la rutina son 1) planificar y 2) usar un cronómetro.

La rutina funciona mejor cuando se hace un plan antes de empezar a estudiar. De ser posible, una muy buena manera de empezar es que sus hijos tengan la oportunidad de "reportarse". ¿Qué hicieron en la *clase X*? *¿En la clase Y?* Empezar con un reporte tiene varios objetivos:

1) funciona como una transición que marca el inicio de la hora de hacer las tareas domiciliarias.

2) les ofrece una oportunidad de recuperar de lo aprendido.

La próxima pregunta es: ¿Qué tenemos para hacer hoy? Dividan la tarea en fragmentos de duración razonable según la edad de sus hijos. Fijen el tiempo que corresponda. Los más pequeños tal vez necesiten 5 minutos; los de la secundaria necesitarán de 15 a 20 minutos y los de preparatoria no más de 35 a 40 minutos (por supuesto que estas son meras guías y ustedes verán qué se adapta mejor a las necesidades de sus hijos). La idea es que los estudiantes vean que este período de concentración intensa es limitado en el tiempo. Pongan el cronómetro para que haya una pausa, tómense un momento de esparcimiento y luego vuelvan a empezar el proceso. Los padres me han dicho que esta idea tan simple les cambió la vida.

Cuando sus hijos son pequeños requieren más supervisión. Sin embargo, el objetivo de las rutinas es que sus hijos sean independientes. Además de la rutina de estudio he encontrado que esto también es efectivo:

• Al finalizar la sesión de estudio asegúrense de que todo haya regresado a su lugar, a la carpeta, al archivador, etc. Solicítenles a sus hijos que pongan todo en la bolsa y la dejen al lado de la puerta. ¡Listo! A la mañana siguiente no habrá cacería de materiales de estudio mientras tratamos de llegar a tiempo al autobús.

- Asegúrense de descartar los materiales que ya no necesitan como parte de su rutina. ¿Dónde van? Establezcan un lugar rutinario para los mismos.

- Tengan un lugar fijo, una carpeta, por ejemplo, para aquellos papeles que requieran supervisión parental.

Como docente experimentada sé que cada niño tiene su propia capacidad de autogestionarse y que cada uno es diferente. Cada año tenía estudiantes con casilleros inundados de cosas y mochilas llenas de objetos inimaginables. La mayoría de los métodos de organización funcionan para la mayoría de los estudiantes, pero no para todos. Si ya lo han probado todo, pero sin éxito, les recomiendo escuchar el siguiente *podcast* con la educadora Jennifer Gonzalez. En este episodio entrevista a Seth Perler, quien ofrece unas sabias palabras acerca de la organización: https://www.cultofpedagogy .com/episode-61/.

Establecer expectativas tempranamente ayuda a sentar bases positivas. Esto resultó ser particularmente efectivo en mi salón de clases y también me sirvió al aplicarlo como madre. Establecer rutinas y designar lugares de estudio es eficiente y ayuda a prevenir dificultades a futuro.

Calendario

¿Tienen un calendario familiar? ¿Está a la vista de todos? No puedo decirles cuántas veces los estudiantes me han contado que tenían un plan mental para hacer su tarea, pero éste no era compatible con el plan familiar ya que había un evento deportivo de algún hermano, práctica deportiva, tenían que cuidar a sus hermanos, había que ir al supermercado, a ver a los abuelos, demasiadas actividades inesperadas. Un calendario familiar puede ayudar mucho a planificar las actividades. Este es también un buen lugar para anotar las fechas de entrega de proyectos o trabajos importantes. La ayuda visual del calendario nos recuerda que tenemos que agregar fragmentos de tiempo para trabajar en esos proyectos a nuestra rutina. (Las investigaciones demuestran que los trabajos a largo plazo llevan más tiempo del que proyectamos. ¿Por qué será que muchas veces nos olvidamos de este dato?)

Tecnología

Ya hemos hablado de las distracciones, pero me gustaría volverme más específica y concentrarme en la tecnología. Echar un vistazo rápido al teléfono o prestar atención a la vibración del mensaje entrante a menudo nos lleva a la multitarea mediática. Esto también ha sido objeto de minuciosas investigaciones. El cerebro simplemente no puede llevar a cabo dos tareas complejas a la vez. El estudio *y* las redes sociales utilizan la misma área del cerebro. Ya sea que estemos sentados frente al televisor o usando el teléfono, las investigaciones demuestran que la multitarea mediática mientras aprendemos:

- hace que sea más difícil aprender y retener información.
- aumenta el tiempo necesario para terminar las tareas domiciliarias.
- a menudo conduce a calificaciones más bajas[31].

¿Esto significa que no se deberían usar las redes sociales mientras se hacen las tareas domiciliarias?

Claro que no. Como mencioné antes, al establecer la rutina y usar un cronómetro debemos incorporar pausas para las redes sociales. Esto les permitirá a los estudiantes saber que tendrán una pausa al cabo de un tiempo de concentración en el estudio. Una regla que funciona es la de tener 15 minutos de estudio= 3 minutos de pausa para las redes sociales; 30 minutos= 5 a 7 minutos de pausa para las redes sociales. Esto les permite escanear brevemente aquello que se puedan haber perdido en las redes sociales y les da una chance de reportarse. El hecho de establecer este tipo de rutina también funciona como un incentivo para terminar las tareas domiciliarias. Una vez completadas, y dependiendo de las reglas de cada familia, podrán tener más tiempo para las redes sociales.

Mentalidades/conversaciones/elogios

Puede que hayan oído hablar de estos conceptos que están de moda: *mentalidad de crecimiento* y *mentalidad fija*. ¿Qué significan? En pocas palabras, estas mentalidades dan cuanta de la percepción que tienen las personas de sus propias habilidades.

---

[31] Howard, Michael. "Distracted by Technology: Focusing Attention on Homework". *Executive Functioning Strategies Blog*, March 27, 2015. https://www.beyondbooksmart.com/executive -functioning-strategies-blog/distracted-by-technology-focusing-attention-on-

Las personas con una mentalidad fija muchas veces piensan que son capaces o no de hacer algo porque nacieron de esa manera. Por ejemplo:

No soy (inteligente, artístico/a, talentoso/a, valiente. . .) por lo tanto no puedo hacerlo.
La razón por la que sí puedo hacerlo es porque soy (inteligente, artístico/a, talentoso/a, valiente.)

La creencia de fondo es que la percepción de éxito (o no) de una persona es innata; está fija, así son. Por otra parte, las personas que tienen una mentalidad de crecimiento tienden a pensar "No soy capaz de hacer eso *aún*". Hacen hincapié en el proceso de mejora, creen que el éxito futuro es posible.

Las conversaciones que tenemos con nuestros hijos juegan un rol en sus percepciones sobre el aprendizaje. La forma en la que los elogiamos tiene su impacto.

Pausa . . .
¿Cómo elogian a sus hijos? ¿Cómo encaran el fracaso?

Muchas veces hemos escuchado comentarios tales como: "¡Mira (los resultados de tu prueba, tu boletín de calificaciones), eres tan inteligente!". Si simplemente lo dijéramos de otro modo: "¡Mira cómo tu (esfuerzo, trabajo duro) te llevaron a obtener estas calificaciones!", estaríamos permitiendo que nuestros hijos vean que el aprendizaje es un proceso y que, si encontramos las estrategias correctas, podremos alcanzar el éxito. Una buena idea es elogiar el proceso en lugar de la habilidad[32].

Algo similar sucede cuando encaramos el fracaso. En lugar de mirar el fracaso como un callejón sin salida descríbanlo como una oportunidad para cambiar de dirección. Así fomentarán la resiliencia. Este cartel estaba siempre al frente de mi salón de clases y en mi casa[33]:

---

[32] Mueller, Claudia M. & Carol S. Dweck. "Praise for Intelligence Can Undermine Children's Motivation and Performance". *Journal of Personality and Social Psychology* 75 (1998): 33
[33] Agarwal, Pooja K. & Patrice M. Bain. *Powerful Teaching: Unleash the Science of Learning.* San Francisco: Jossey-Bass, 2019.

Cometer errores
está bien.

Es la manera en
la que aprendemos.

Yo lo interpreto así: "los errores no son fracasos; los fracasos no son fallas". Simplemente significa que es necesario cambiar de dirección porque *aún* no hemos llegado a donde queremos llegar.

Hábitos

Tanto con mis estudiantes como con mis hijos, siempre creí que era importante establecer buenos hábitos desde una muy temprana edad. La clave es que los padres sean 1) resueltos y 2) constantes. El valor de establecer rutinas y de entender las expectativas es que se llega a resultados que son positivos para todos.

Releer, repasar y recuperar

En el Capítulo 3 planteé la diferencia entre repasar y recuperar, y expliqué cómo muchos de mis estudiantes se habían convertido en "expertos de la tarea domiciliaria", es decir, que la hacían, pero aprendían muy poco. ¿Sus hijos son "expertos de la tarea domiciliaria"? Cuando sus hijos estudian para las pruebas, ¿releen sus notas? La distinción entre repasar y recuperar la información es vital. Las investigaciones realizadas en mi salón de clases han demostrado que cuando los estudiantes se evalúan a sí mismos en casa usando un sitio virtual, los resultados de las pruebas mejoran un punto[34].

---

[34] Roediger, Henry L., III, Pooja K. Agarwal, Mark A. McDaniel, & Kathleen B. McDermott. "Test-Enhanced Learning in the Classroom: Long-Term Improvements from Quizzing". *Journal of Cognitive Psychology* 17 (2011): 382–395.

El acto de ir del repaso a la recuperación es poderoso. Las recomendaciones para aplicar la práctica de recuperación en casa se encuentran en el Capítulo 3.

En su libro *Retrieval Practice*, Kate Jones creó un "Marcador de libros para repasar mientras se recupera". Kate dijo que "La idea que subyace a este marcador era la de ofrecer a los estudiantes un recordatorio constante de los hábitos de estudio efectivos y algunas sugerencias de métodos adecuados para llevarlos a cabo"[35]. Encontrarán una copia del "Marcador de libros para repasar mientras se recupera" en el Capítulo 8.

A continuación cito las palabras de "Drew", un estudiante, acerca de porqué usar estrategias de recuperación en lugar de releer para estudiar:

> *¡Algo que realmente me llama la atención es que releer no mejora el aprendizaje! Solía releer capítulos de mi libro de texto antes de un examen porque pensaba que iba a estar mejor preparado. Si releer me tomaba horas seguro que era útil, ¿verdad? ¡Falso! Aprender acerca de estas estrategias me ha ahorrado tanto tiempo valioso que ahora puedo usar para hacer otras cosas o por lo menos puedo usar ese tiempo para estudiar de manera más efectiva. ¡Le dedico menos tiempo al estudio y aprendo mucho más!*[36]

Pensamiento de orden superior/pensadores críticos

Queremos que nuestros hijos se conviertan en pensadores críticos, que entiendan el aprendizaje. En educación, tendemos a ver un continuo de habilidades e ideas que van del nivel bajo (un recuerdo simple, por ejemplo, una definición) al nivel alto (ser capaces de analizar, comparar y contrastar, etc.). Es importante que vayamos más allá de la regurgitación de datos al aprendizaje auténtico. A lo largo de los años he oído a innumerables padres contarme que las conversaciones con sus hijos acerca de la escuela se habían tornado interesantes (¡e incluso divertidas!).

---

[35] Jones, Kate. *Retrieval Practice: Research and Resources for Every Classroom.* Woodbridge, Suffolk, UK: John Catt, 2019.

[36] Agarwal, Pooja K. & Patrice M. Bain. *Powerful Teaching: Unleash the Science of Learning.* San Francisco: Jossey-Bass, 2019.

¿Cómo ocurre esto? Cambien sus preguntas acerca de *Qué* y *Quién* a *Cómo* y *Por qué*. No solo pueden hacer estas preguntas cuando sus hijos están estudiando, sino que también son fantásticas para conversar en el auto o durante la cena. En lugar de preguntar "¿De qué color es el cielo?" pregunten "¿Por qué es azul el cielo?" "Si fuéramos a pintar tu cuarto, ¿cómo podríamos calcular cuánta pintura necesitaríamos?" "¿Quién fue Franklin Delano Roosevelt?" se convierte en "¿Qué cambios hubo en el mundo durante la presidencia de FDR?"

"Pero no tengo tarea domiciliaria"

Tal como mencioné en el Capítulo 3, dejé de mandar tarea domiciliaria cuando me di cuenta de que no era una práctica efectiva para mi clase. La reemplacé por estrategias que requirieran el uso de la recuperación, la distribución y la metacognición. Alentaba a mis estudiantes a que se autoevaluaran con ayuda de su familia o en línea. Les pedía que conversaran con sus padres sobre lo que habíamos hecho en la clase. En otras palabras, lo que *no estaba a la vista* no tenía que estar *fuera de la mente*.

Tiempo para reflexionar: Si sus hijos no tienen tareas domiciliarias, ¿cuáles son algunas de las maneras en las que pueden promover la recuperación?

Buscar en Google o no buscar

"Ojalá me dieran $5 por cada..." (hagan sus predicciones).

Los docentes y padres no preparan a los chicos para concursos de preguntas ni los enseñan a satisfacer curiosidades frívolas. Para esa clase de cosas está Google.

Sí queremos crear estudiantes que terminen la preparatoria con conocimientos prácticos básicos acerca de nuestro país, nuestro mundo, nuestros tiempos y nuestro patrimonio. Los resultados que vayan a tener en sus proyectos universitarios y en sus carreras, así como sus aportes a proyectos colectivos se verán enriquecidos si pueden aplicar lo aprendido en la escuela a nuevas preguntas y problemas. En esta guía hemos analizado la responsabilidad de los docentes en la escolarización de los chicos, la responsabilidad de los padres y sus oportunidades de apoyar a sus hijos, así como la responsabilidad de los propios estudiantes. Ninguno de nosotros logrará pasarle la responsabilidad a Google.

Una anécdota de la Sra. Bain

Una de las mejores preguntas que me hacen mis ex alumnos es "¿Sabes cuánto recuerdo aún de tu clase?"

Me encontré con un ex alumno que me contó que había ganado la ronda final de una competencia académica en la preparatoria debido a algo que había aprendido en mi clase en sexto grado. La respuesta había sido "Mansa Musa". Me dijo que tan pronto terminó la competencia, todo su equipo (habían sido todos ex alumnos míos) exclamó al unísono, "¡Mansa Musa fue el Rey Musulmán del Imperio Mali que peregrinó a la Meca!" ¡Memoria a largo plazo!

Otra estudiante que estaba en la universidad me escribió entusiasmada para contarme que ¡lo que había aprendido en mi clase la estaba ayudando en la universidad! "Mi profesor me preguntó acerca de Carlomagno hoy. Me puse muy contenta al responder inmediatamente: '¡El líder de los francos!' ¡Hace 8 años que dejé su clase, pero la respuesta salió de inmediato!"

PUNTOS CLAVE

- [ ] Establezcan un lugar de estudio con distracciones mínimas.
- [ ] Creen rutinas.
- [ ] Tengan un calendario familiar y anoten las fechas de entregas importantes.
- [ ] Las redes sociales afectan el tiempo de estudio.
- [ ] Las conversaciones que tenemos y los elogios que damos afectan las mentalidades.
- [ ] ¿Qué está sucediendo?: ¿repaso o recuperación?
- [ ] Cambien el tipo de preguntas para promover el pensamiento crítico.

Recursos

Aquí encontrarán las estrategias usadas en la guía. También he agregado algunas estrategias muy útiles desarrolladas por otros autores.

Los Cuatro pasos de la metacognición

Los Cuatro pasos de la metacognición

1   Pon una ★ si conoces la respuesta
o una ? si no la sabes

2   Responde todas las ★
sin recurrir a tus libros o notas

3   Busca las respuestas a todas las ?
en tus libros y notas

4   Verifica que todas las ★ sean correctas

☆ ○ **?**

_____

Hoja de
metacognición

Hoja de metacognición

☆	**?**	Pregunta	Respuesta

Boleto de poder *¿Qué aprendieron hoy?*

Semana 1 Tema:	Semana 2 Tema:	Semana 3 Tema:	Semana 4 Tema:	Semana 5 Tema:	Semana 6 Tema:
Dato 1:	**Dato 1:**	**Dato 1:**	**Dato 1:**	**Dato 1:**	**Dato 1:**
Dato 2:	**Dato 2:**	**Dato 2:**	**Dato 2:**	**Dato 2:**	**Dato 2:**
Dato 3:	**Dato 3:**	**Dato 3:**	**Dato 3:**	**Dato 3:**	**Dato 3:**

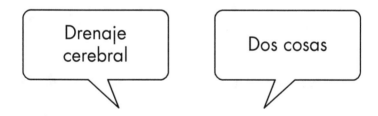

Para el Drenajes cerebrales y Dos cosas: al leer (texto, artículo, notas, etc.)

- Hagan una pausa. Cierren sus libros, notas, etc.
- Drenaje cerebral: tómense un tiempo determinado y escriban todo lo que puedan recordar.
- Dos cosas: escriban las dos cosas más importantes que leyeron.
- Abran los libros, notas…sigan leyendo.
- Repitan si fuera necesario.

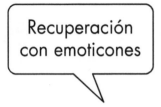

Recuperación con emoticones

Utilicen una variedad de emoticones para recuperar un dato o una historia que:

- Creyeron que era inteligente o confusa.
- Los haya hecho felices, les haya enojado, les haya dado curiosidad, les haya hecho sentir orgullosos, o triste, etc.

Marcador de libros para repasar

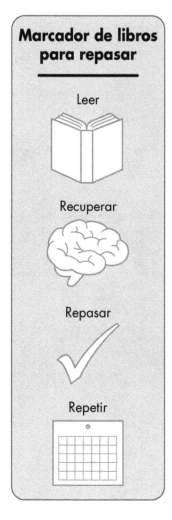

[37]

[37] Jones, Kate. *Retrieval Practice: Research and Resources for Every Classroom*. Woodbridge, Suffolk, UK: John Catt, 2019.

Método de Leitner

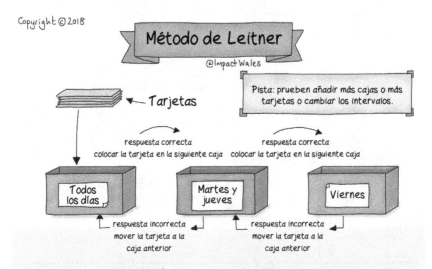

Una forma efectiva de usar las tarjetas para traer a la mente lo aprendido y recordarlo a través de la práctica de distribución desarrollada por Leitner en los años 70. Se concentra en la capacidad de recordar de los estudiantes. La información que se recuerda fácilmente se deja durante un lapso más largo antes de volver a ser evocada.

---

[38] Recuperado de www.impactwales

Repaso
con tarjetas

[39] Infografía cortesía de http://innerdrive.co.uk/.

Me gustaría recomendarles el libro del Dr. Kippa Sundar, *How do I Learn?* a todos aquellos que tengan hijos pequeños. Este maravilloso libro acerca del aprendizaje está orientado a niños de 3 a 6 años. Como complemento al libro, el sitio virtual de Kirpa, www.learningincognito.com, contiene excelentes recursos para los padres.

Recientemente planteé esta pregunta en las redes sociales: ¿Qué es lo que realmente les gustaría que los padres supieran acerca de la enseñanza poderosa? A continuación encontrarán algunas de las respuestas:

- Realmente quiero que los padres/cuidadores entiendan que son una parte integral del aprendizaje de sus hijos, que la educación no debería quedar fuera de las conversaciones diarias. También les recordaría o les reconocería que lo que están haciendo funciona y que deben continuar haciéndolo.

  —Angela Barnett, CA

- La consciencia acerca del propio aprendizaje ayuda a los estudiantes a comprender lo que están aprendiendo y por qué...les ayuda a encontrar la pertinencia. Si no ven la pertinencia o importancia de los temas, es menos probable que piensen acerca de ellos.

  —Nancy Carroll, MA

- Me gustaría que los padres conocieran las Herramientas de poder— recuperación, distribución y metacognición— y que supieran por qué son tan importantes. Como docente quiero equipar a los padres con herramientas necesarias para ayudarlos a apoyar el aprendizaje de sus hijos en casa. Las actividades de recuperación entre la casa y la escuela han sido positivas para padres y estudiantes.

  —Shane Saeed, CO

- Como padre lo que más me gustaría es saber que tengo un rol en el aprendizaje de mis hijos. Tal vez comprender las herramientas usadas en clase me haga parte del proceso.

  —Steve Herbst, MA

Por sobre todo, quiero reconocer que USTEDES son un recurso increíble para sus hijos.
Gracias por leer esta guía.

Agradecimientos

Escribir un libro es una experiencia solitaria y de aislamiento. No obstante, no se puede escribir un libro sin el apoyo de otros. Tengo muchas personas a quienes agradecer. Les estaré eternamente agradecida por su apoyo.

Gracias Steven, Jed, Kristina, Amber, Andrew, Cam, Laura y Daniel. Sus ideas y la tranquilidad que me transmitieron me ayudaron a alcanzar la meta e ir más allá.

Gracias Poola Agarwal por tu investigación, tu colaboración, y más importante aún, por tu amistad.

Gracias a Mark Combes y a John Catt Publishing. Trabajar contigo es como trabajar con un amigo querido. Me honra ser incluida en tu increíble colección de textos sobre educación.

Gracias a mis amigos cercanos y lejanos repartidos en el tiempo desde Sioux Falls hasta mi actual St. Louis y a todos mis talentosos amigos docentes de todo el mundo que continúan alentándome a compartir mi mensaje.

Gracias a mis miles (¡sí, miles!) de ex alumnos y a sus padres. Juntos hemos creado y nos hemos convertido en un triángulo de aprendizaje dinámico.

Y, por último, gracias a Ross Morrison McGill (@TeacherToolkit) que al inicio de la pandemia me preguntó, "¿Qué estás escribiendo?" y con esa pregunta me impulsó a escribir esta guía.

CPSIA information can be obtained
at www.ICGtesting.com
Printed in the USA
JSHW032358150222
22924JS00004B/5